U0781797

完美团队
成功记

汤晓 ———— 著

哈尔滨出版社
HARBIN PUBLISHING HOUSE

图书在版编目（CIP）数据

完美团队成功记.专供版 / 汤晓著.—哈尔滨：哈尔滨出版社，2017.11
ISBN 978-7-5484-3569-3

Ⅰ.①完… Ⅱ.①汤… Ⅲ.①企业管理-组织管理学-通俗读物 Ⅳ.①F272.9-49

中国版本图书馆CIP数据核字（2017）第169448号

书　　名：**完美团队成功记.专供版**
作　　者：汤　晓　著
责任编辑：韩金华　李金秋
责任审校：李　战
封面设计：Amber Design 琥珀视觉

出版发行：哈尔滨出版社（Harbin Publishing House）
社　　址：哈尔滨市松北区世坤路738号9号楼　　邮编：150028
经　　销：全国新华书店
印　　刷：哈尔滨市石桥印务有限公司
网　　址：www.hrbcbs.com　　www.mifengniao.com
E－mail：hrbcbs@yeah.net
编辑版权热线：（0451）87900271　87900272
销售热线：（0451）87900202　87900203
邮购热线：4006900345　（0451）87900345　87900256

开　　本：787mm×1092mm　　1/16　印张：13.5　字数：220千字
版　　次：2017年11月第1版
印　　次：2017年11月第1次印刷
书　　号：ISBN 978-7-5484-3569-3
定　　价：42.00元

凡购本社图书发现印装错误，请与本社印制部联系调换。
服务热线：（0451）87900278

毫不畏惧的小序

在我看来，一本好书并不只是让你把它读完，而是在看完之后，它在你的头脑里能够留下些什么。倘若在读完之后，只是全然地放下，我想，可能它不适合你，或者是读书或写书的人没有血性……

现在这个时代，我们从网络上获得的东西已经远远超过了笔墨的痕迹，这不是社会发展的错，而是追求快节奏的过！

在跟朋友聊天的时候，话题不免会转移到近期比较火的几本职场小说上来。

每一个故事都有可以让人挥洒笔墨的理由，但更容易让人接受的恐怕还是那些小人物的故事吧？

大人物的故事纵然会让人油然而生敬仰之情，但小人物的点点滴滴却折射出我们最本质的生活。

不过，现在很多哗众取宠的文字，为了博得更高的点击率，总是不惜扭曲事实本质，夸大事实真相，无谓地增加悬念，让情节变得曲折，这有必要吗？或许吧，对于收视率（或者其他什么"率"）来说本该如此，但是对抒发情感的真实案例而言，却多少有些偏离方向！

长这么大，自己看过的小说大概不超过五本，并不是因为没耐心，而是看到那些一开头就知道结局的故事，感觉纯粹是浪费时间！

另外，现在很多非常畅销的读物，都是添加了催化剂和防腐剂的后天性文学作品：暗战、黑幕等等。所有的情节都只是为了吸引读者的眼球！于是，我们的生活变得不再那么简单；于是，人们之间的感情开始难以猜测；于是，善良的人们也开始认识到社会本身并没有想象之中那般美好……

难道，人们真的希望自己看到的世界就是尔虞我诈的吗？难道人与人的内心就真的希望互相捉摸不透吗？

不是的！

一直以来，我都认为这个世界本应该是一个善良的整体，只不过各种不同的生物在不同的时间段不断地切割，再切割，最终分配到每一个人的就都只剩下可怜的、一个个相互独立的个体了——于是，我们开始彼此相望，站在不同的角度来看，总认为别人手中的蛋糕比自己的要大；于是，人们开始学会掠夺，来扩充自身范围以外的更大的权力和份额；于是，有了不为人知的尔虞我诈、不愿透露的行业潜规则……

后来，当一些已经疲惫不堪的行业战士勇敢地站出来揭发行业内幕的时候，善良开始变得伤痕累累，而黑暗则乘虚而入，俘虏了每一个人的内心！

这时候，人们一边高呼与黑暗势力做斗争，一面捧着集合了不厌其烦的狡猾情节的电视剧看得眼泪汪汪，最后总结出一个结论：这就是人生！

再后来，每个人都将种种情节融入到自己的生活之中，人们开始模仿故事中的主人公，为了升职、为了成名不择手段，结果自然不言而喻——这个世界也就真的黑暗了！

或许这个时候，只是因为视觉上的东西渲染多了，想要挣扎出来自然有些难度。或许有的时候，故事本身的真实性并没有错，错的乃是人们对于真实本身的不热情。

从道理上讲，并非所有小说都适合让人不厌其烦地写续集，但为什么作者在故事已经结束之后，还要整出一堆悬疑案例？分析其原因可能有两个，一是想要借着前一本聚集的人气获得更高的点击率，二是真的还有话没有说完。

前者纯粹是一种节约成本的市场炒作，而后者的可能性却微乎其微。

纵观所有续集性的东西，有几部被认为是超越了前一部的经典之作？这就像是人生，本来就这么点儿事情，翻来覆去地说，等到下一代再重复的时候剩下的恐怕只有作者彷徨的心了吧？

世间的事情存在很多的偶然性，但其背后必定有它存在的原因，可能是人为的，也可能是环境逼迫的，但不管怎样，我还是觉得，既然终止了，就不要再重新开始了。

这样可以让人们把最期待的感觉停留在曾经最美好的回忆里……

所以，我非常希望明争暗斗之后有些疲惫的人，在一个真正安静的晚上，用一种真正平和的心情，去阅读一些善良的文字，阅读一些启迪内心的大智慧。尽管有的时候作者的观点不一定正确也不一定全面，但都不要去在意，因为一千个人眼中有一千个汉姆雷特，只要我们能够用自己最最善良的角度去审视这个世界，那么最终征服这个世界的也一定是人人都希望看得见的善良！

最后，真诚希望《完美团队成功记》能够从简单、善良、智慧的一面激发您对于生活最大的热情，也希望透过每一个精心设计的哲理故事折射出的个人观点能够给您的工作、生活带来些许的快乐和引人深思的意义！更加希望这本书能够给20世纪90年代的人一份期盼，80年代的人一份思考，70年代的人一份欢笑，60年代的人一份回味……

目录

contents

故事人物及公司简介

唐轩·········GAC华东分部总经理

孙志·········原盛世传媒总经理，现任GAC副总经理

朱晓晓·········毕业于一所名不见经传的专科学校，

后进入GAC从助理升为设计经理

沙子瑄·········美国著名高校设计学科班出身，后进

入GAC从事人力资源管理

祁邵阳·········GAC大中华区人力资源部总经理

郑中华·········GAC设计总监

顾扬·········GAC职员

蔡新龙·········GAC职员，后升为外联部副部长

关颖·········GAC副董事长

JACK·········GAC理事MNB首席执行官

盛世传媒·········原孙志公司

华彩·········GAC最早的名称，后随着发展迅速，更

名为Global Advertising Carrier

MNB·········美国知名广告公司

完美
Perfect 美
团队 Group
成功
记

01.......GAC 落户杭城

阳光射过玻璃照在古朴的桌面上，焦虑而又温馨。

"关于公司的情况我们考虑得也都差不多了，接下来我们讨论一下人员的问题。"眼前这个干练又不失优雅的女人扶了扶眼镜，端起咖啡抿了一口。

她叫关颖，是GAC公司副董事长，大学毕业后在国企待了两年，受不了过于平静的生活，就跟师哥合伙搞了个广告公司。当时正赶上电视传媒行业的兴起，再加上她风风火火干脆利落的办事风格，公司很快从一个只有几个人的家庭式作坊发展成为京城内传媒行业的老大。2001年，由于几个广告连续在国际上大放光彩，公司获得美国知名广告人JACK的青睐，以及一些风投公司的融资。2004年，GAC几经周折终于在纽约纳斯达克上市，成为内地第一个在美国上市的广告公司。

GAC是Global Advertising Carrier的简称，中文翻译即为"全球广告航母"。

转眼间，将近20年过去了，从过去的华彩到现在的GAC，这里倾注了这个女强人半生的心血。关颖说，传统的广告被人们称为速食垃圾，所有的创意概念都是建立在money之上的，然而这种速食文化一直被人们疯狂地接受并且乐此不疲地复制着。可是，一旦融入了思考层面的美感，就会使人产生一种距离感，当然也就达不到预期

的影响力，但这种模式，却被西方的很多知名广告商所接受。

于是现在，关颖更多关注的是通过公司在华东区域的运作，把公司的重心由尔虞我诈的政治中心转移到让人心旷神怡的西子湖畔，让速食主义变为享受主义。当然，这个说起来容易做起来难，特别是在这个特别注重眼前利益的社会中，想要通过扭转行业的传统观念进而获得人们的认可，真不是一件容易的事情。

记得有一句话——这个世界上最难的事情就是把自己的思想装到别人的脑袋里，而把别人口袋里的钱装到自己的口袋里。广告行业不仅具备了这两条，另外还加了一条更难的：把别人的钱通过自己装到另外一个人的口袋里。这就要求广告本身并不单单是一种媒介，而是要成为一种被人们认可的载体，并且通过这种载体达到原先想要实现的目的。

这次公司总部能够同意在华东地区投资，并且打算以创业带动就业的方式进行个性化经营，也曾在公司高层内部引起很大的反响，众人也是褒贬不一。有些人颇有点像是围观的路人一般，说一些事不关己、高高挂起的话！

有的人说，这是没事找事，放着现成的生意不做不是自寻烦恼吗？

有的人说，杭州并不具备国际化大都市的特征，与上海相比较，这个城市也缺乏很多竞争优势，这样一来恐怕得不偿失！

当然，这中间也有人比较赞同关颖的观点，觉得经过了经济危机的新一轮洗礼，一批老的企业发展模式或是行为模式必然会遭到冲击，与其随波逐流，还不如逆流而上！

但这个公司毕竟也在行业内部摸爬滚打了将近20年的时间，很多行业所经历的兴衰沉浮GAC也都经历过，要不然它也不会成为如今的行业老大。

总之，这次关颖是铁了心要在杭城实现这个自己掂量了很久的决策，尽管众说纷纭，但往往这个时候，想促使事情向更好方向发展还得依靠自己的人格魅力。关颖的做事原则和工作精神自然是无人能及，另外公司另一位董事JACK对于杭州这个风景如画的城市也是非常喜欢，这个事情也就在一片争议声中暂且定了下来。

不管怎样，这也是公司继上市之后的又一次重要改变，因此，关颖对这次改革也是非常谨慎，甚至心里还真会有点儿打鼓。

毕竟，从模式化运作到个性化经营需要相当大的决心，同时也需要相当长的时间来历练。当然，这中间也包括种种不可预估的突发因素。

总之，针对这次比较重大的转型，用关颖的话说就是——只许成功，不许失败！因为，做得好了，也就无愧于自己广告行业一姐的称号，而做得不好，就很可能会成为广告行业的笑柄，更严重的还可能会遭遇美方撤回在华投资的情况。

如今，大体上的硬件设施都已经完善，但这些是次要的。一个企业最难的就是人员的选择和管理，关颖开始跟唐轩商量接下来的用人打算。

关颖问道："你朋友当中有没有在广告界做得比较不错的，你可以推荐一下。毕竟这次公司在杭投资也是酝酿了很久的，但总部也只能做些硬件上面的安排和一些行为上的宣传，人员的招聘以及其他细节上的东西还是需要你们自己去运作。"

"这个嘛，我有一个想法不知道可不可行？"唐轩犹豫了一下，还是说了出来。

"嗯，你说。"

"其实我觉得公司员工不一定要行业内的顶尖人物，尽管公司在华东区域已经调研了很久，但想要真正实现本土化运作又保证原公司制度的规范化运作，我觉得最好还是多用新人。当然，领导层面可以从行业内部着手，因为在广告行业，思维上的活跃远比经验水平更重要。"其实，唐轩说这话也是经过慎重考虑的，毕竟在GAC待了这么多年，从公司以往的做事风格来看，在创业初期就起用新人又何尝不是一件有争议的事情！

"这个你说得有道理，不过……"关颖停顿了一下，似乎是在卖一个关子，又似乎是在凝思着什么。

接着她说："从公司以往的做事风格来看，起用新人可能会遇到 些障碍，毕竟公司不敢冒太大的风险去培养一群没有太多经验的新手。况且这次虽然形式上说是以创业带动就业，但充其量也就是个招牌，除了能够提高公司本身的美誉度之外，也是不想做过多措辞上的争执。并且现在人员流动过于频繁已经是一个普遍的社会问题了，所以……"

她思考了一下又接着说："不过，这个问题我也考虑过很久，公司内部高层也曾多次讨论在企业初期运作阶段应该做怎样的安排，但到现在一切还都未下定论。所以，人员这块儿我们可以先照自己的方式走，公司总部一定要介入的时候我们再做调整。总之，眼前的问题还是人员招聘这块儿，记住，一定要慎重。"毕竟是行业的一姐，关颖担心之余还是提出了自己的见解。

"嗯，好的，那么这几天我就着手处理这个事情。"唐轩点了点头。

"对了，有个人我给你推荐一下，你最好明天能够跟他谈一下。这个人在广告行业也待了不短的时间，前几年呢，还自己创办了一家公司，现在做得也还不错，我是想要把他给挖过来。"透过巨大的落地窗，看着熙熙攘攘的人群，关颖似乎猛然间想到了什么。

"不过，这个人比较恃才傲物，之前也在大大小小的公司做过，建树不多，但思维还是比较创新的，毕竟人无完人嘛，公司起步阶段还是比较需要这样的人的。"关颖补充道。

"您刚才说他现在已经创办了一家公司，所以我在考虑——既然他已经是一个小老板，会不会到我们公司来？毕竟很多时间自己掌控惯了，给别人做事情会不太习惯的。"这个谨慎的男人考虑问题永远都是这么周到。

"这个嘛……就要看你的了。"关颖顽皮地一笑，没有过多的回答。

往往在这个时候，领导者本身并不会给你明确的操作流程，也就是说，领导者起的是一个"抛砖"的作用，这"玉"能不能够引得出来就要看你的本事了。

话说到这里，唐轩当然也就心知肚明，接下来就需要自己去斟酌该怎么操作比较好些。于是，他在点头的同时也开始了思考。

"好了，今天就先聊到这里吧！这是孙志的联系方式跟地址，明天你抽个时间，去跟他好好谈谈。"关颖起身离开的时候，又对唐轩说，"最近美国那边还有很多事情要忙，华东这边暂且就先交给你了，我想你一定会做得很好的！"

唐轩已经习惯了这样的结尾形式，每一次的重大举措关颖只是做策略上的决定，一旦确定之后，所有的事情就会放手给唐轩去做，当然这也是对唐轩本人的肯定。

但是，这一次毕竟是一次比较重大的转型，所以从咖啡屋里出来，唐轩在思想上解脱的同时也多了一丝浓重的担忧。

想想自己从进入GAC到现在将近8年的时间里，为公司付出了很多，公司在赋予自己外在光环的同时又让自己在广告界小有名气。这次进驻杭城，尽管一直以来自己都非常赞同，可真正到了独自操刀的时候反而有点犹豫。这究竟是一种不自信，还是怕领导寄予的期望值太高，自己做不到太完美呢？

唐轩边想边发动了车子。不过，重新开始，不是自己一直都想要的吗？

车子启动之后，唐轩的心也开始缓缓地释然，也许此刻的自己正站在一个新的起点，重新出发，就像此时的汽车一样，没有障碍地奔驰……

完美团队成功记
Perfect Group

02　约见孙志

第二天早上，阳光明媚，唐轩同往常一样，边看报纸边吃早餐。整整十年，这个男人已经厌倦了身边所有重复的事情，唯一不变的是数十年如一日的早餐，雷打不动的煎蛋、牛奶加小辣椒。你别小瞧这看起来略有些简单的早餐，用唐轩的话说，这顿早餐不仅体现了中西合璧的饮食文化，同时又掺杂了热情积极的人生态度——做广告的人就是不一样，不仅可以把一个产品吹到天上，同样也可以把一顿简单的早餐解释得如此时尚！

突然，唐轩的目光停滞了一下，他稳重而又深邃的目光似乎发现了什么。只见他放下牛奶，从昨天穿过的上衣口袋里拿出一张纸条。

盛世传媒有限公司——没错，就是这个。

原来，报纸上有一则关于盛世传媒的报道，说是此公司总经理兼知名策划人孙志先生获得第二届"杭城创意大赛之我爱西湖"二等奖。

"孙志。"唐轩嘴上念叨着这个名字，之后匆匆吃了早餐，来到换衣镜前。良久，拿出一套只有在重要场合才穿的西服，换上。之后又仔细地梳理了头发，刮了胡子。

以前，经常会听人说男人在自己喜欢的女人面前才会注意衣着，没想到在男人面前唐轩也是如此慎重。

路上很堵，刚好赶上上班高峰期，唐轩有点心不在焉地开着车。此刻的他心里在思量着，一大清早去找孙志究竟合不合适，万一赶上他们开会……要不，提前打电话预约一下？

接着又一想，不行，毕竟自己在广告行业也是小有名气，这样做怕丢了自己的身份。

嗯，还是这样子去吧。思量了半天，还是依照之前的计划行事。

……

可能一路上想得有点多了吧，感觉很快就到了环球大厦门前。

12楼，1206室，唐轩边念叨着边往前走。

在通向盛世传媒的路上，唐轩又转身走进了洗手间，特地进去整理了一下领带，捋了捋梳理得整齐的头发。

看来，对于这次见面，唐轩也是相当慎重。

"请问孙志总经理在吗？"唐轩走到前台不失礼貌地问道。

前台小姐打量了一下这位成熟而又不乏魅力的男人，用一种相当职业的语气说："请问您预约了吗？"

"没有，不过你们孙总应该知道的，我是通过一个朋友介绍过来的。"唐轩说。

"哦，那好，请您先跟我到接待室来。"前台小姐礼貌地把唐轩引到了接待室。

"请问您贵姓？"

"姓唐，名轩。"

"好的，唐先生，您先坐，"前台小姐边说边端了茶过来，"先喝杯茶，我这就去告知一下孙总。"说着，前台小姐转身出去了。

此刻的唐轩环顾这间不是很大的接待室，装修得不是很奢华，但却不乏创意元素。关颖的眼光历来都是相当准确，所以对于即将见到的这个角色，唐轩也是感觉到了些许的分量。

在等待的这段时间里，唐轩也会下意识地想，自己即将见到的究竟会是怎样一个人呢？是西装革履文质彬彬，还是穿着花哨并具有一身艺术家的气质……

很快，前台小姐进来了，她一脸微笑又略带歉意地说："不好意思啊，唐先生，我们孙总正在开会，您可能要稍等一段时间。"

"哦，没关系的。"唐轩说。

正在这时候，一个身材瘦削、穿着抢眼的年轻人走进来。

"孙总，您好！"只听前台小姐很礼貌地问候了一声。

"嗯，你先出去吧！"这个瘦削的男人说。

听到这个，唐轩赶忙站起身来，从上衣口袋里掏出一张名片递了过去："您好！我是关颖关董介绍过来的，唐轩。"

"唐兄啊！久仰大名，如今一见真是名不虚传啊！"孙志向来讲话都比较随便，今天在这个广告界前辈面前依然还是保持着一贯的作风。

"哪里，哪里！"唐轩一边谦虚着，一边打量着站在自己眼前的这个男人。

只见他戴着黑框无镜片眼镜，上穿玫瑰红色的T恤，下穿黄色亮眼的裤子，在不很强烈的灯光下，脖子上的黑色挂链显得那样安静，好似与世无争一般。相较于这样穿着的孙志，唐轩显得有些不自然。的确，这时候他俩站在一块，一个像是新闻主播抑或是比较严肃的评委，一个像是出席时装发布会的时尚达人，怎么看都会让人想笑。

"这样吧！我现在正要开会，唐兄若是不介意的话，给我的员工们也上一堂课？"孙志笑着说。

"这个嘛，还真不敢当。"唐轩略带谦虚地笑着。

"唐兄这可就谦虚了，早就听说您的大名，所以这次来到我们公司一定要多指点指点，"孙志接着又说，"老实说啊，表面上我这公司做得还真不错，可我本人累啊！从创业那天到现在，公司内部大大小小的事情都得亲自去做，小到客户筛选、定位，大到创意的选择，没有一件事不需要我操心的。这不，前一阵一个朋友过来大谈员工培训的重要性，于是每个周一，我们也是雷打不动地进行培训。可不知道怎么回事，直到现在，公司各部门之间的运作还是不尽如人意啊！"

"嗯，您说的这个呢，也是现在很多企业老总遇到的问题，"唐轩想了想说，"这样吧，如果您不介意呢，就先带我去你们会议室。我看能不能根据自己的经验和对您员工的初步判断，分享一些适合你们公司员工的案例。"

"唐兄谦虚了，来来来，这边请。"孙志边说边拉着唐轩朝会议室走去。

完美团队成功记
Perfect Group

03　同花顺理论

会议室里，20多名员工安静地坐着，大家都在等待会议开始。

这时，孙志走进来兴奋地说："各位好！现在我隆重地向各位介绍一位重量级的嘉宾，全球广告航母——GAC传媒有限公司华东分部总经理唐轩先生！"

看来此前，孙志对于唐轩的情况多多少少也是有过一些了解的，对于今早他的突然到来也没有显得过度惊讶和过度客气。这或许应该算是孙志的一个优点了吧，不管对于怎样的人，都可以用自己的方式拉近彼此的距离。

台下响起了热烈的掌声，不过这些掌声纯粹属于机械化的条件反射。因多年的企业管理经验，唐轩已习惯了饶有节奏的欢迎模式。

"各位广告界的精英，大家早上好！"相对于平常的儒雅，现在唐轩的声音显得格外嘹亮，不过这还真的把底下坐着的员工吓了一跳，精英？当然，没人敢答应了。

此时的现场气氛显得有点儿僵硬，唐轩并没有感到惊讶。的确，现在很多公司都会存在这样的问题——上司对于员工的鼓励和嘉奖不够，导致员工自信心不足，对于自己的话没反应，那也是正常的了。况且，自己刚才的这种激昂，也只有在GAC的会议当中才会表现得淋漓尽致。

这时候，孙志清了清嗓子，说："接下来，今天的会议就由唐轩先生先给我们做精彩的发言！"

显然，这是孙志又一次想要激起台下的掌声。

当然，结果也如他所愿。

不过，唐轩做了个"停"的手势，掌声才开始逐渐疏落下来。

"其实也不是什么经验之谈，今天我主要是想要跟大家做一个简单的交流。或许在广告行业我比你们的经历要多，但三个臭皮匠抵得上一个诸葛亮——在座的各位技术也都比臭皮匠高明很多。本人呢，又不如诸葛亮聪明盖世，所以，不要有什么沟通上的障碍，也不要产生心理上的隔阂。我也只是将自己觉得比较有用的信息跟各位分享一下。"

台下每个人都在很认真地听。如果照以往的经验来看，这样的发言对于员工来讲最多也只是"左耳朵进，右耳朵出"，过滤一下，更有甚者也可能直接被左耳鼓膜反射出来，其效果也就不言而喻了。

于是，唐轩想要换一种方式来改变此时并不很热情的尴尬气氛。

接着他说："首先呢，我来与大家做一个小小的游戏。"

听到做游戏，台下的气氛终于显得有些放松了起来，所有的人都不知道唐轩葫芦里卖的是什么药。

"那么现在呢，我首先把在座的各位分为两组，坐在左边的员工是A组，右边的员工是B组。"他边说边从口袋里掏出两副扑克，递给孙志一副。

"A组由您负责。"唐轩对孙志说。

此时的孙志也非常疑惑，不仅是好奇游戏本身的寓意，更是对于他从考究的西装里边如同变戏法般地掏出两副扑克感到惊讶。

这时，唐轩凑到孙志耳边说："待会儿，您让您这个小组的成员每个人挑选两张自己最喜欢的牌，拿出来背面朝上，放到桌子上。"

"嗯，好的。"孙志边接过牌边答应着。

这个时候，只见唐轩把手中的牌分给B组的成员，然后一个一个地在他们耳边说着游戏规则。

孙志也将自己手中的牌交给A组成员，挨个告诉他们要挑选自己最喜欢的两张牌。

很快，每个人手中都拿到了两张牌。

"现在，请A、B两组成员把自己手中的牌亮出来。"唐轩说。

于是，很快桌面上出现了两种结果：

A组成员手中的牌分别是：黑桃2、方块A、梅花8、红桃J、黑桃K……

B组成员手中的牌分别是：红桃A、红桃J、红桃K、红桃Q、红桃10……

"有谁可以看出来这两组牌有什么不同？"唐轩问道。

台下没人吱声，每个人都一脸疑惑的样子，就连孙志都有点儿丈二和尚——摸不着头脑了。

这时候，唐轩接着说："大家可以看到，现在两组的结果完全不同，A组成员组合的是一组杂牌，而B组成员组合的是一组同花顺。"

刚才还面面相觑的人们经过唐轩这么一说还真的发现了其中的不同，整个会议室显得有些兴奋了。

"原来是这样啊！"

"本来我也想这么说来着……"台下有些人开始小声议论了起来。

"那么大家想一想，为什么两组会有这样的差别？"唐轩发问道。当然，这个时候的他并不需要台下的任何回答。

于是他接着说："因为A组的成员没有接到明确的指令，所以他们都是按照个人的审美观念来选牌。很显然，这是一种个人行为，而这种个人行为和个人行为混合在一起的只能是'乌合之众'。而B组是组织行为，所以组合成的是一组同花顺。由此可以看出，一组杂牌想要打败同花顺是不可能的！那么，请大家想一想，一个公司怎样才能得到一组同花顺？"

这时候，台下一片安静，很多人都开始了思考。

"是不是一个团队应该有同样的喜好？"一个小伙子站起来说。

话音刚落，台下便有人哄笑起来。看来群众的见解还是蛮多的，只不过是没有表露罢了。

"大家不要笑，这个小伙子说得也有道理。一个团队有着同样的喜好固然重要，但现实生活中如果用这样的要求来考验团队之间彼此的合作，基本上也不太可能。"

台下很多人又开始议论了。

"那么，你再想一想，还有什么别的办法吗？"唐轩问道。

"或许应该有一个人告诉我们拿什么样范围的牌。"这个小伙子挠了挠头，不太好意思地说。

"嗯，说得很好。请坐下。"唐轩肯定地点了点头。

"台下的其他人谁还有别的想法？"唐轩接着问。

"哦，我知道了，在告诉他们选择怎样的牌的时候，或许我应当有一个清晰的思路！"孙志拍了拍脑袋一副恍然大悟的样子。

"嗯，"唐轩点了点头，接着说，"其实这个游戏告诉了我们两点：第一点，决策层在向员工传达思想的时候一定要思路清晰；第二点也非常重要，就是决策层在传达思想的同时一定要给员工明确的指令。"

听到这个结果，台下一片哗然。

是的，中国人向来不太善于分析事物的本质和进行延伸的思考，总是习惯别人把既定的结果讲出来，毕竟，灌输式的教育已经在中国盛行了几千年，想要在短时间去改变，似乎也不太可能。

"那您说的这个游戏不应该是孙总层面的吗？对于我们来说只要接受孙总的指令就可以了呀！"刚才回答问题的小伙子又站了起来。

"你说得非常有道理。"唐轩对于他的提问显得有些意料之中的样子。然后他又接着说，"但是对于我们自己来说，我想请问一下各位，有哪一个人想要永远地在别人的指示下做事情？"

台下没人吭声。

"其实，在一个公司，没有绝对的最底层员工，倘若你一直把自己看成是事情的执行者，那么你每天就只能够按照别人的思想去做别人要求的事情。这样一来，你就只是一个没有自己主观思想的仅仅是帮助别人做事情的机器，特别是广告行业，不仅要求创意总监、设计总监必须具备创作意识和大手笔的思维，同时也需要培养公司内部其他岗位的所有员工都必须具备活跃的头脑和创新的意识。就拿GAC来说吧，就连公司内部做杂事的清洁工阿姨都具备相当强的广告意识。"

"不会吧！"台下有人惊叹起来。

唐轩笑了笑，又接着说："当然了，现在你们可能不会相信，你们也可能认为自己只是一个小组长或者仅仅是一个办事员，但从今天开始，我希望你们每一个人都要像给自己员工制定任务一样要求自己，因为只有这样，你们才可能拥有属于自己的同花顺！"

此刻，台下响起了雷鸣般的掌声。这个结果，是唐轩想要看到的。此时的掌声，不再像会议刚开始的时候那样机械化，而是融入了崇拜似的温情。

很快，时间就逼近中午了，孙志看到今天的会议开得如此成功，心里在高兴的同时也暗自佩服唐轩的实力。

"看来，GAC出来的人果真名不虚传啊！"孙志暗暗地想。

"好了，今天的会议就开到这里，各位回去总结一下，希望大家都会有新的收获！"说完，孙志看了看表，对唐轩说，"时间也差不多了，唐兄，刚好也快中午了，我们一块儿吃午饭吧！"

尽管孙志对唐轩十分佩服，但还是随意地称呼其为唐兄，不知是想要拉近彼此的距离，还是想要提升自己在广告界的地位。

"好的。"唐轩下意识地看了下表，应了下来。

有一个词语叫借刀杀人，乍一听有点凶残的味道，但延伸到管理学中，有一句话与之类似，那就是"借别人的口说自己想说的话"，这样一来往往会收到事半功倍的效果。

其实有很多话，自己说出来并不一定能够达到自己预期的结果，而通过第三者的言语措辞或者是经过自己巧妙的询问和转化，可以让受众者说出自己想要说的话，做出自己想要他们做出的事情，这才是最明智之举。

一般来说，管理者可以分为三种境界：

最低一级的境界是：手中无剑，心中也无剑——这类人根本不明白管理究竟是怎么回事，总是会想当然地瞎指挥，最终结果当然是"凄凄惨惨切切"。

稍高一点的境界是：手中有剑，心中无剑——这类人知道点管理的含义以及管理的重要性，但因为没有丰富的经验或是系统的方法，最终往往也会适得其反。

而最高一级的境界便是：手中无剑，心中有剑——这种人应该可以称得上是管理界的长老，他们知道如何使下属有条不紊地工作。同样，在员工遇到问题的时候并不急于就事论事地只是帮助员工解决表面上的问题，而会从教练的角度进行思维上的引导和启发，最终让员工自己解决问题。这样一来，往往会有两个收获，其一是大大增强了员工的自信心，无意之间也提高了其工作热情和积极性；其二也不会把员工的困惑背到自己的身上，搞得自己最终身心疲惫。

管理者本人当然应该朝第三种境界努力，与此同时，也应该做到不因自己的情绪抑或是周边环境的变化影响决策本身。

完美团队成功记
Perfect Group

04　餐馆的启示

中午吃饭的时候，孙志选了一家离公司不远的小餐厅，店名叫做"1956"，纯粹的阿拉伯数字倒是让唐轩觉得新鲜。

可能这个店在1956年就已经存在了吧，唐轩想。

"随便吃点儿，尽管店面不大，但这里菜的味道非常不错，在杭州也是老招牌了！"孙志边跟唐轩说，边跟周边来往的人打招呼式地点头。

看得出来，他经常光顾此店。

这时候正赶上午餐高峰期，一楼的位子已经坐得满满的了，甚至还可以看到很多转来转去找不到位子的人。唐轩正想着要等多长时间呢，孙志却带他走到了二楼的一个小包间。

看着唐轩疑惑的表情，孙志笑了笑，说："每天的这个时候，这里的位子都供不应求，所以很多老客户都会提前预订时间，一年多了，这个位子我也一直预订着，每天中午11:30—12:30的时间段。"

"哦，那您是每天都这时候来吗？"唐轩问。

"不一定，有的时候太忙就顾不上过来，只好随便在公司将就点儿。"孙志说。

"那如果不来的话这个位子空着岂不浪费了？"唐轩有些不解。

"老兄，您这话还真问到点子上了！这个店跟其他店的不同就在于时间利用的

最大化。"说完这句，孙志好像故意卖关子似的喝了口水。

"怎么讲？"唐轩问。

"一般来说，来这里吃饭的都是老客户啦，你看一楼，是不参与预订的，就是说，来了有位子您就吃，没位子只有等了。二楼呢，是专门给一些有点钱又没闲的人特地留的，一般每个小包厢都会为固定的客户预订固定的时间段。"孙志解释说。

"那比如说那天你迟到了怎么办呢？"唐轩又问。

"二楼都是有固定时段的，比如我订的是11:3—12:30，就必须在这个时间段之内过来，倘若过了这个点，恐怕就没有吃饭的机会了，因为这个位子的其他时间段也都有人预订了。"孙志说。

"哦，"唐轩点了点头，接着又问，"那今天我们是两个人来，如果有更多的人来，这个位子岂不坐不下了吗？"唐轩的细心在吃饭问题上表现得淋漓尽致，看来真是一个难得的细心男人。

"呵呵，老兄，真不愧是搞创意的，每个细节都不放过啊，"孙志笑了笑说，"这个饭店还有三楼，都是比较大的包厢，一般的话都要提前预订，最少也得提前两天，呵呵，有的时候遇到高峰期，提前一个星期都不一定有位子呢！"

"原来如此啊！"唐轩恍然大悟。

"见过精明的餐厅，但没见过如此聪明的餐厅啊！"唐轩感慨道。

"唐兄，"显然孙志已经习惯了这个叫法，"说了老半天我们还没有点餐呢，"孙志看了看表，说，"这不，已经过去20分钟了，时间可不等人啊，等下过了12:30，我们没吃完也不得不走了。"

"唐兄喜欢吃什么？"孙志问道。

"都可以的，就按你的口味点吧，呵呵！"唐轩说。

"那好，今天我就给你推荐几个正宗的杭帮菜，先来一个西湖醋鱼，再来一个东坡肉、龙井虾仁，嗯，再来个叫花童子鸡。"孙志边说边在桌子上比画着。

"我们是不是点得有点多了？"唐轩禁不住打断了孙志。

"没关系的，呵呵，唐兄也是第一次来，我总该尽到地主之谊，让您一饱口福啊！"孙志乐呵呵地说。

"那要么点几个素的，刚才几个都是荤的。"唐轩说。

"好的，那我们再要个八宝豆腐、糟烩鞭笋，最后再来个桂花鲜栗羹。"这个时候，孙志才抬起头来。

唐轩显得疑惑了，怎么不见孙志叫服务员上来呢？

孙志似乎看透了唐轩此时的疑惑，于是他笑了笑，说："唐兄是不是疑惑我怎么没有叫服务员过来点菜啊？"

"嗯。"唐轩点了点头。

孙志接着说："这里的点菜也跟其他地方不同，是不需要服务员拿菜谱的，唐兄你看桌子的右下角边上。"

这个时候，唐轩才注意到桌子的右下方有一个小屏幕。"哦，原来这个就是菜谱啊！"唐轩像见到新大陆一样惊诧道。

"看来这个小店真是名不虚传，名气大，设备先进，就是在北京我也没见过这样的饭店啊！"这个时候，唐轩才觉得自己对于杭州这个城市是多么不熟悉。

完美团队成功记
Perfect Group

05　趣说杭州名菜

刚说完，菜就一个一个端了上来。此刻的唐轩更是惊叹其出菜的速度，才不到十分钟的工夫，菜就基本上齐全了，倘若是在别的餐馆，恐怕饿得肚子"咕咕"叫了还得等上半天呢！

"唐兄，别想了，快吃吧！"孙志边说边往唐轩碗里夹菜。

"先尝尝这糟烩鞭笋。"孙志说。

"嗯，味道还真不错。"唐轩边嚼边说。

"这糟烩鞭笋啊，跟苏轼还有渊源呢！"孙志也边吃边说。

"我知道东坡肉是取苏轼之号，这笋，跟他有什么牵连呢？"唐轩又好奇了起来。

"这个嘛，也是传说了——传说北宋时杭州孤山的广元寺附近有一片竹林，寺内和尚很爱吃笋，却不善于烹调，只会简单地烧烧煮煮。苏轼出任杭州通判时，与寺里和尚有所交往，便把自己的'食笋经'传授给他们。"孙志又夹了口菜，继续说，"用嫩鞭笋加上香糟，经过煸、炒、烩等制作而成的这道菜，香味浓郁、十分入味、富有特色。糟烩鞭笋经历代相传，也就成为杭州有名的传统素菜。"

"原来是这样啊！"唐轩说。

"这东坡肉就不用我多介绍了吧？不过一样的典故，不一样的味道，这里的东坡肉啊，杭州再也没有第二家了！"孙志夹了一块放到嘴里，"嗯……"之后，摆出一副神仙的样子，好似一阵回味无穷。

唐轩笑了笑，夹了一口叫花童子鸡。"嗯，这味道真不错。"刚放进口里，就忍不住赞叹了起来，接着他又问，"取名为叫花童子鸡，是不是当时做此鸡的人是一个叫花子呢？"

"这个嘛，唐兄说得没错。据传，古代由于战乱暴政，不少百姓家破人亡，沦为乞丐。一天有个流落到江南的叫花子在饥寒交迫中昏倒，难友为他搞来一只小母鸡。可苦于没有炊具，急难中，这个叫花子便仿效烤红薯的方法，用烂泥把鸡包起来，放入篝火中用柴草煨烤，使其烤熟，意外地发觉此鸡异香扑鼻，十分好吃。从此，这一别致的煨烤法便传开了。杭州厨师在汲取中不断加以改进，采用嫩鸡、绍酒、西湖荷叶，腹中填料，进行精细加工，使烤鸡香醇透味，终于成为人们喜欢的传统名菜。"孙志很耐心地解释道。

这个时候，孙志又忍不住调侃了一句："唐兄啊，今天的这几道菜中，还有一道菜跟苏轼也有关系呢，您能猜出来是哪道菜吗？"

"还有一道啊？"唐轩看着眼前如此丰盛的佳肴说，"不会是桂花鲜栗羹吧？吃了肉、吃了菜，这个时候苏轼总该喝点儿羹了呀？"

"哈哈哈，唐兄真会开玩笑！"孙志忍不住大声地笑了，又接着说："是龙井虾仁！"

"龙井虾仁？"唐轩重复了一遍，眼神里尽是疑惑的神情。

"嗯，龙井虾仁是一道体现西湖秀美气质的传统名菜，它的创制据说是受苏轼《望江南》一词启发。这首词中有一句是这样子写的：'休对故人思故国，且将新火试新茶，诗酒趁年华。'因为旧时，有寒食节不举火的风俗，节后举火称新火。这个时候采摘的茶叶，正是'明前'茶，属龙井茶中最佳品，龙井茶素有'色绿、香郁、味甘、形美'四绝之称。河虾被古人誉为'馔品所珍'，不仅肉嫩鲜美、营养丰富，且有补肾、壮阳、解毒之功效。取用清明前的龙井新茶与时鲜的河虾烹制的'龙井虾仁'，色如翡翠白玉，发出诱人的清香，食之极为鲜嫩，是一道具有浓厚地方风味的杭州传统名菜。"孙志边说边夹了个虾仁放嘴里。

"这龙井虾仁，还有一个关于乾隆的典故——说有一天，乾隆微服私访，在杭州茶农家喝到一杯龙井新茶，深感清香可口，趁人不备，暗抓了些茶叶离去。后来在市内餐馆用膳，乾隆叫店伙计用此茶叶泡茶。店伙计看到乾隆内着的龙袍外露一角，急忙告诉店主。店主正烹调虾仁，惊慌中竟把店伙计手中的茶叶当作葱末撒到锅

内。想不到这道龙井虾仁色泽雅丽、滋味独特，吃得乾隆点头称好。此后，这道菜肴便成了杭州名菜而流传至今。"孙志说。

"看来今天的每一道菜都不是浪得虚名啊，背后都有一个让人长见识的典故呢！"唐轩边说边不住地点头。

"哈哈，看来唐兄以后在吃的方面还得多请教我啊！"孙志半开玩笑，接着说，"不多说了，唐兄，赶快吃吧！"

此时的孙志已经狼吞虎咽起来，丝毫看不出刚才讲述典故时的文质彬彬，看来他真是饿了。

吃完饭，看了看表，12:25，看来这顿饭吃得还真是紧凑，眼看着下一桌客人的时间就要到了，孙志擦了擦嘴，说："时间也差不多了，这样吧，唐兄，待会儿到我们公司楼下的咖啡厅里坐一下，我们再聊聊。"

"好的。"唐轩也吃得差不多了，看来今天不仅是饱了眼福、口服，还真的从这家小小的饭店学到了不少好东西。

此刻的唐轩越来越喜欢这个城市了，不仅是对于未来的新鲜感，更多的是它有着让人无限向往的文化底蕴。

过了马路，唐轩忍不住回头看了"1956"一眼，比这奢华昂贵的餐馆自己都去过，但这样个性十足的餐馆自己还真是头一回见到，让人有一种恋恋不舍的感觉。

一直以来，唐轩都觉得一般人对于吃的意义都定位为解决温饱而已，而有钱人对于吃则讲究烧钱。但今天，他的味蕾像重装了系统一样，对刚才所有的一切都显得那么留恋和回味。

一位颇有知名度的管理学家说只要看到哪家企业大肆宣扬狠抓质量管理，就可以知道这家企业的产品质量做得不怎么样；只要看到哪家企业宣扬团结奋进，就可以知道这家企业的团队凝聚力一定不强！

中国人有一个明显的缺点，就是言行不一。嘴巴上喊喊就过去了，行为丝毫没有改变。当别人指出其差错时，当事人还总是一脸无辜地辩解——我们对于这方面一直都是很关注的呀！

那么请问，在你们关注的时候有没有真正去改变现状呢？

同样，我们也会经常听到很多商家抱怨生意不好，客户在逐步减少。但他们究竟有没有从自身找原因？还是仍旧"当一天和尚撞一天钟"，或是大打价格战或是采用一些不正当的竞争手段来谋取暂时利益？

中国人很聪明，总是想要拿一些西方先进思想或理念来提升自己的发展战略，殊不知这些理念也会像南方的橘子种到北方一样水土不服！所以，在个性化经营的今天，盲目的效仿只能愈加地减少你的市场竞争力。相反，只要从自身的优势出发，找到与客户的共同点，就一定能够获得市场的认可！

最后，有一句话很受用，西方的很多百年企业都是因为做到了这一点，才会立于不败之地，那就是一流的企业卖文化；二流的企业卖标准；三流的企业卖品牌；四流的企业卖产品；五流的企业卖资源；六流的企业卖苦力……"

完美
团队
成功
记
Perfect
Group

06　分粥中的管理智慧

上了电梯，按了下"2"键，孙志和唐轩走进装修得淡雅的"蓝山咖啡"。

二人找了个有明亮窗户，但又很安静的位子坐下。

"请问两位要点儿什么？"服务员小姐很有礼貌地走过来问。

唐轩觉得现在才是回到了现实，而刚才的一切似乎都停留在未来世界里。

"我点一杯蓝山。"孙志说。

"好的，先生。"服务员小姐微笑地点了点头。

"有茶吗？"唐轩问道。

一直以来，唐轩对中国的茶文化都很痴迷。尽管在国外待了几年的时间，他还是依旧坚持自己对茶的喜好。

"有的，先生。"服务员小姐彬彬有礼地说。

"在这边。"她边说边把菜单翻到了印有各种茶标识的一页，递给唐轩。

"那就要龙井吧！"唐轩看也不看地说。

既然来了杭州，当然要喝最正统的龙井，唐轩是这样想的。

"看来唐兄对中国的传统茶还是相当喜好啊！改天我带您去"龙井村"，那边的茶不仅味道更正宗，同时风景也是非常好！"孙志说。

"一直都耳闻"龙井村"相当有名，但太忙，没时间过去，等过了这一段时间再说吧！"唐轩说。

说话间，咖啡和茶都已经端了上来。

这咖啡店到底不是专业级别，一看玻璃杯泡茶唐轩就暗自感叹。

"唐兄，这次特意过来一定有重要的事情跟小弟讲，不妨直言，小弟我也是痛快人。"孙志边说边往咖啡里边放糖和奶精。

"那我可就直说了，"唐轩将屁股往前挪了挪，接着说，"是关颖副董事长向我推荐你的，说你思维比较活跃，在广告界也小有名气，这次GAC在杭州开设分支机构也是经过多次考察和慎重考虑的，所以她想让我跟您谈谈，是否有兴趣加入GAC。"唐轩也毫不卖关子，就直接说了。

"原来是这么回事啊，昨天关颖也给我打过电话，不过没说什么事情。其实一直以来我都比较欣赏GAC的创意理念和管理风格，可现在，我的公司还只是刚刚起步，总不能撒手不管啊！"孙志有些无奈，但言语间又夹杂着小有成就的优越感。

"其实这个我也有考虑过，不过我也知道孙总您现在最大的问题，就是很多事情都舍不得放手，"这是唐轩第一次叫"孙总"。其实从今天来的路上到吃饭的时候，唐轩就一直在考虑叫孙志什么比较好。小孙——显得有些藐视，孙志——又显得有些距离，孙总——似乎又降低了自己的身份。刚才的一声"孙总"也是思量了半天才讲出口的。

可孙志似乎从来都没在意过："不是我不舍得，我是真想舍，可是舍了谁来管啊，没人管又怎么会得呀？"孙志这个时候才真正放下了外在拥有的一些东西，把自己真正遇到的问题、烦恼摊开了来说。

"你现在遇到的问题也是现在很多老板遇到的问题。真正的原因还是你们没有懂得管理的精髓，你们是只知道管，而不知道理，两个字的结合必定有深刻的意义。"唐轩说。

"只知道管，而不知道理？"刚才还在饭桌上侃侃而谈的孙志又一次疑惑起来。

"这样子吧，"唐轩喝了口茶说，"我先给你讲一个故事，或许对你能有些启发。"

孙志也喝了口咖啡，说："请讲。"

从前，有七个人住在一起，每天共喝一桶粥，由于人多，粥每天都不够。

一开始，他们每天轮流来分粥。于是乎每周下来，他们只有一天是饱的，就是自己分粥的那一天。

后来他们经过讨论，推选出一个道德高尚的人出来分粥。强权就会产生腐败，大家开始挖空心思去讨好他、贿赂他，搞得整个小团体乌烟瘴气的。然后大家开始组成三人的分粥委员会及四人的评选委员会，可是几人互相攻击，到最后粥吃到嘴里全是凉的。

最后他们想出来一个方法：轮流分粥，但分粥的人要等其他人都挑完后拿最后剩下的一碗。为了不让自己吃到最少的，每人都尽量分得平均，就算不平均，也只能认了。大家快快乐乐、和和气气，日子也越过越好。

故事讲完了，孙志看着唐轩，似乎更加迷惑了。

于是唐轩又说："从这个故事当中，我们可以看出管理的真谛在'理'而不在'管'。"

"此话怎讲？"孙志问道。

唐轩接着说："管理者的主要职责就是建立一个像'轮流分粥，分者后取'那样合理的游戏规则，让每个员工按照游戏规则进行自我管理。游戏规则既要兼顾公司利益和个人利益，也要让个人利益与公司利益统一起来。""哦……"这时候孙志似乎有些明白了。

唐轩接着又说："德鲁克曾经说过，管理就是界定企业的使命，并激励和组织人力资源去实现这个使命。界定使命是企业家的任务，而激励与组织人力资源属于领导力的范畴，二者结合就是管理。在这个定义中，德鲁克使用了一个关键词——使命。"

"那么对于企业来说什么是使命呢？"孙志问。

"使命就是组织存在的原因。"唐轩又接着说，"早上开会的时候你也知道，公司现在遇到的问题，就是各职能部门不能够很好地衔接和协调执行任务，从而导致工作效率不高。"

"嗯，是这样的。"孙志点了点头说。

"在企业管理中，人们经常使用使命、愿景、价值观这三个词，可是很少有人能说清楚它们是什么，它们的区别和联系在哪里。"唐轩说。

"嗯，我也经常跟员工讲这些，但现在想想还真的没怎么思考过它们之间的差别。"孙志说。

"使命是组织存在的原因，是组织的目的——它给我们提供了方向，而不是具体工作，使命、目的和宗旨都是同义词。"唐轩解释说。

"愿景是未来所创造的图画，回答'组织将变成什么样'的问题，是实实在在的目标。"见孙志听得兴趣盎然，唐轩又接着说，"价值观是我们追寻使命过程中的生活方式，回答'组织如何采取行动'的问题，是检验组织决策的试金石。"

"说得太对了！"唐轩话刚毕，孙志就赞叹道。这中间当然包含了很多近乎崇拜的因素在里边。毕竟，孙志很少听到这么专业的术语，虽然自己也在广告行业摸爬滚打这么多年，但都属于一些江湖游戏，再加上并非科班出身的他平日也懒得研究这些，所以唐轩的这些话他听着当然也就觉得很有道理了。

"那你现在遇到的最大问题就是没有搞清楚自己作为一个公司的领导者，应该做什么。"唐轩说。

"应该做什么？"孙志更加疑惑了。

"那我现在做的难道不是应该做的吗？"孙志反问。

"你现在做的当然不是你应该做的，其实说白了，你现在做的工作都是各职能部门的事情，更明白点，与其说是他们给你打工，不如说是你在给他们打工。"唐轩说。

这时候孙志就更不明白了。

"难道……我现在做的都白做了？"孙志问。

"呵呵，当然不是。"唐轩笑着说。

"这样吧，我给你举一个例子，用一个简单的实验给你解释一下。"唐轩说。

听说要做实验，孙志的兴趣立马就来了："好的呀！"他答应得相当痛快。从小到大，孙志都不喜欢呆板的定义、定理，所以成绩都不好，只有实验课才能够激起他的兴趣。

"服务员，请拿过来一些冰块。"唐轩说。

"好的，先生，您稍等。"服务员小姐答应着，转身朝吧台走去。

"要冰块做什么，难道是给我降温？"孙志暗自思量着。

07 　冰块、砂糖和水

　　这时候，服务员已经把冰块拿了过来。

　　只见唐轩从冰桶里取出冰块，仔细地一块块放进玻璃杯里。直到冰块高出杯口，再也放不下了，他问道："杯子满了吗？"

　　"当然满了。"孙志很自信地说。

　　唐轩反问："真的？"

　　接着他又挑选了一些更小的冰块放进去，然后敲击玻璃杯壁让小冰块填满大冰块的间隙。

　　"现在杯子满了吗？"唐轩又一次问。

　　"应该还没满。"这个时候，孙志拿起手中的糖包撕开，将糖填满了大冰块和小冰块所有的间隙。

　　"这个时候应该满了吧？"孙志问。

　　唐轩笑了笑，拿起旁边的一杯水倒了进去，直到水面和杯口持平。

　　然后抬头看了看孙志，问道："这个例子说明了什么呢？"

　　"是不是说，不管时间和空间多么有限，只要你有足够的智慧，都可以做更多的事情？"孙志说。

　　"从个人角度出发，你说的也是很有道理的。可是倘若从企业管理的层面出发，你还是没有明白这个实验的真正含义！你要知道，如果就像刚才这样一步一步把空间填满，你会非常累！"唐轩说。

"是的啊！"孙志表示认同。

"它的真正意思是告诉我们一定要先放进自己人生的大冰块，然后再放进小冰块、砂糖和水。"唐轩又接着说，"一旦先用砂糖或者水把杯子填满了，你就无法再放进大冰块了！"

"哦，"孙志有些理解了，说，"那么引申到工作当中，是不是就是要用很好的工作计划来提高自己的工作效能呀？"

"非常对。"唐轩笑着说，"这就是所谓的'四象限原理'，在处理工作的时候，一定要有一个明确的计划，先做什么，次做什么，再做什么，最后做什么。"

"那么对领导者来说，应该先做什么呢？"唐轩问。

"当然是先要把计划性的东西做好了！"看来孙志看待问题的角度依旧没有拓宽。

"这样子说吧，事情可以分为'重要性'和'紧急性'这两个维度，那么用坐标来表示就可以分为四个象限——分别是重要且紧急、重要但不紧急、不重要不紧急、不重要但紧急，那么对领导者来说究竟应该先做哪些事情呢？""当然是重要且紧急的了！"孙志毫不犹豫地说。

"那么刚才我们做实验用的四种东西中哪一个才是重要且紧急的呢？"唐轩问。

"那应该是大冰块。"孙志说。

"真的是这样吗？"唐轩笑着问道。

"哦，是不是应该做重要但不紧急的事情呢？"孙志改口道。

"你也先别忙着下结论，其实这个问题从古到今一直存在争议，一直难以定论。一个企业主，想要做得轻松，就一定要先去做那些重要但不紧急的事情，倘若只是盯着重要且又紧急的事情，你只会越来越累。"

"那些重要且紧急的事情我不去做，那么该让谁去做呢？"孙志问。

"当你永远都在做重要但不紧急的事情的时候，无形之中你也会提前预测到重要且紧急的事情，等到真正紧急的时候就交给下属去做，不仅培养了他们的独立意识，同时也会大大提高员工的积极性。"唐轩说。

"那么，这个是不是就是我们平常所说的——手中无剑，心中有剑？"孙志问道。

　　"哈哈哈，就是这个道理！"唐轩笑道，然后端起茶喝了一口，接着说，"对于四个象限，很多老总犯的一个致命错误就是所有事情统包，只留给员工做不重要且不紧急的事情，表面上看是为公司着想，其实是害了员工，忙了自己啊！"唐轩说。

　　"这个说法的确很新鲜，不过也挺有道理的。"孙志一口将杯中的咖啡喝完，似乎要一股气把刚才的道理都喝到肚子里。

　　"服务员，再续上一杯。"孙志说。这个时候，他的电话响了。

　　"您好！"孙志拿起手机。

　　"嗯……"

　　"这个事情你们都处理不好，不是早就让小刘去做了吗？"

　　"之前都干什么去了，现在才来找我？我正忙，没时间！"说罢，他生气地把电话挂断。

　　这个事情应该是紧急但不重要的事情，要不，依孙志的性子，应该火速赶回公司了吧！唐轩想。

　　"没事，来，唐兄，我们继续聊！"孙志说。

　　唐轩看了看表，说："现在已经快下午两点了，等下我还有个事情要处理，今天就先聊到这儿吧！改天我们再约时间。"

　　"也好，不过我想问一下，唐兄接下来要做的事情是属于哪个象限之内的呢？"孙志开心地一笑。

　　唐轩也笑了笑，没有回答。

　　孙志的确是一个聪明人，两个聪明人之间不需要明确的回答就可以了解彼此的答案，特别是两个聪明的男人。

　　于是，两人起身离开。

　　孙志把唐轩送到大楼门口，说："唐兄啊，今天我是长了不少见识，改天我们再聊！"

　　"好的，呵呵！"唐轩说。

　　于是两人握手告别。

　　团队内部如何分工是组织当中的一个重要问题，实际上经常会出现利益分配不均而导致整个团体尔虞我诈的现象，从而形成不良的风气，那么管理者应该怎样有效避免这种现象产生呢？

　　这就需要制定一个利于团队内部平均分配的机制，由团队内部每个成员轮流分配，并且实行"分者后取"的规则，这样一来每一个员工都有机会轮流参与，不仅让员工感觉到一种主人翁的意识，同时即使出现分者少得的状况，作为分配者的员工也只能够争取在下一次分配得更加平均。

　　抛开团队的概念，对个人来说，我们也都知道一个人的精力和能力是有限的，如果在做事情之前没有很好的计划安排，那么最终的结果必定是一盘散沙。

　　珍珠和珍珠项链的最大区别只是因为后者多了一根价值不大的丝线，所以后者可以光鲜亮丽地被摆在漂亮的柜台里，受到人们的追捧，而前者只能够安静地躺在原材料堆中等待设计师的处置。

　　同样，企业中的管理者倘若不认真厘清事物的轻重缓急、做到有的放矢，最终得不偿失的还是自己。

　　所以，企业应该建立一种适合企业良性竞争的机制，对于员工来说每一种机制都应该在遵守的同时保证合理公平分配，这样才有利于整个团队建立一种良性的循环，从而使企业得到更好的发展。

　　公司的决策层，掌握着公司的发展命脉，自己在做事情之前一定要有一个很好的计划——先做什么，再做什么，最后再做什么。一天有一天的计划，一个月有一个月的计划，一年要有一年的计划，千万不能够以"计划赶不上变化快"为借口，匆匆行事，这样最终只能使得事情无疾而终，而自己却还是忙得半死！

完美
团队
成功
记
Perfect
Group

08　觉悟和意外

　　唐轩开着车，赶回GAC的新建大楼，其实刚才说自己有事只不过是个托词。有些谎言，正是因为有了温柔和善良，才会让人们脱口而出。不过，今天也已经聊了不少，如果孙志明白的话，自然会打电话给他的。

　　多年的经验，让唐轩对于孙志加入GAC有了足够的自信。

　　再说孙志。回去之后立马上网，翻出一些彼得·德鲁克的管理名言，然后罗列出一些比较经典的名言，让员工将其裱装好。

　　第二天早上，一个很漂亮的匾额就送到了孙志的办公室，与其说是一个匾额，倒不如说是一块标志，像是孙志在激励自己一样。

　　　　　　领导者的作用表现在：

　　　　　　创造让部属发挥其才能的机会；

　　　　　　使部属的潜能得以发挥；

　　　　　　消除管理过程中的障碍；

　　　　　　鼓励部属的情绪，给予其升迁机会；

　　　　　　提供部属工作的明确导向。

　　　　　　　　　　　　　　——彼得·德鲁克

孙志不自觉地念叨着，突然，他拿起电话，拨了一个号码："喂，唐兄啊，我决定加入GAC了，您看下午有没有时间，我们见个面！"孙志向来做事情都风风火火的，表面上看他能够做出这样的决定，速度上显得快了些，但从他坚定的却不乏憔悴的眼神里边可以感觉到他也是思考了整整一个晚上。

电话那边唐轩没想到孙志会这么快就做出决定，放下电话之后，唐轩笑了笑，暗自佩服关颖的眼光，与此同时也为自己之前的表现窃喜了一把。

下午，唐轩开车特地从北山路往南山路走，这是自己第二次经过这条路了，但还像第一次经过那样充满惊讶和心旷神怡的感觉。

因一条路喜欢上一座城市，很多时候人们做事不需要太多的理由。就像当时因一个女孩喜欢上GAC，喜欢上现在自己从事的工作一样。这时，唐轩止不住地打了个哈欠，就在一瞬间，一个长发女孩在他的脑子里闪现了一下，唐轩又摇了摇头，不能再想了，他开始下意识地努力控制自己的思绪。

这个时候，他看到前方有一个很大的指路牌——"随你吧"，就是这个地方。唐轩顺着指路牌的方向找了个车位把车子停了进去。

接着，走进了这间"随你吧"。

本来他还以为这是一个酒吧，没想到进去之后他也搞不清楚这究竟是茶馆、桌球厅，还是读书室。看来，孙志这小子还真会玩，每一次找的地方都让人感觉如此新奇。

"先生，请问您有订位吗？"站在门口的礼仪小姐有礼貌地问道。

正当唐轩不知道怎么回答的时候，孙志猛不丁地从背后拍了他一下，着实让他吓了一跳。

"唐兄来得早嘛！"孙志笑着说。

"这是我兄弟，"孙志指了指唐轩，接着说，"我们先看看，你不用管我们。"

"好的。"礼仪小姐说。

越往里边走，唐轩越觉得好奇，楼上楼下，楼梯左楼梯右都是完全不同的风格，从穿衣角度上讲叫"混搭"，从颜色角度分析叫撞色，可这样的风格只会让人愈加地感兴趣。

只见左边是一个台球室，前边一堆年轻人趴在一起不知道在研究着什么；右边则好像酒吧一样的风格。再走上楼，左边一些貌似端庄的人在谈论着较为严肃的话

题，右边却有一些小年轻在搞一些小暧昧。

总之，在这里，男女老少，都显得那样开心和自然。

随你吧——或许就是想怎么玩就怎么玩吧，唐轩这样子认为。

这个时候，唐轩注意到前边有几个老外在跟一些中国人交流什么，走近了一看才知道原来他们在互相学习语言。这个被圈起来的不大的地方装饰得还真有些特色，墙壁上挂有各个国家的不同风格的时钟，模板装饰上有着笔迹不尽相同的留言和签名，角落里那个不大不小的圣诞树上也挂满了祈愿卡。

"看来这里的老板一定非常年轻，创意简直太棒了！"唐轩忍不住地赞叹起来，接着说，"如果有机会一定跟他切磋一下！"

"哈哈哈，"孙志大笑了起来，"我就是这家店的老板，怎么样，不错吧？"

唐轩怎么也不会想到，孙志还有这样的本事，除了广告之外，还可以把一个随意性的休闲场所搞得这么有风格。

"幸会，幸会。"唐轩开玩笑地伸出了左手，孙志没有跟他握手，而是随意性地拍了他的手一下，说："来了"随你吧"，就没有皇帝和庶民之别了，所有的一切规矩都全免了！"

"皇帝和庶民？"唐轩不免还是想要考究一下这两个词的真正含义。或许是他想的太多了，孙志在说这句话的时候只不过是开个玩笑罢了。

完美团队成功记
Perfect Group

09　孙志的心病

　　这个时候，孙志带唐轩走到角落里边的一个桌子旁，坐下，然后说："也不知道唐兄喜欢喝什么，今天就把店里边还算有特色的几种饮品让唐兄先品尝下，看看符不符合唐兄的口味。"

　　唐轩刚想说不要那么客气，龙井就可以了。这个时候，服务员已经把东西端了上来，光闻味道唐轩就已经判断出来是地道的龙井。看来孙志还真是一个细心的家伙。

　　"请您慢用。"服务员小姐很礼貌地把茶放到他俩的面前。

　　"虽然这茶具不是一品，但这茶可是绝对正宗！"说着孙志端起了茶杯，说，"唐兄，您也给个评价。"

　　唐轩品了一口，说："味道还真不错！"

　　唐轩这话还真没说错，别看孙志说话有时候大大咧咧的，可是对店里的东西他却是非常用心，小到一个角落的摆设，大到各种饮品的进货渠道，他都做得非常到位。用孙志的话说就是宁缺毋滥——宁愿店里一个生意也没有，也不能以次充好。

　　这个时候，服务员又端了东西过来，尽管有水果盘里芒果香味的干扰，唐轩还是禁不住地叫了出来："祁门红茶！"

　　"唐兄真不愧是茶中高手啊，不观其色，只闻其香，就可以判断出茶的品种，佩服，佩服！"孙志笑着说。

"鄙人没什么别的爱好，闲暇时间就喜欢品茗读书，这在现在看来或许显得过时了吧！"唐轩的话语中也不乏幽默。

"这祁门红茶也是我非常喜欢的一种茶。"孙志说道，但他喜欢这茶与茶本身或者与自己的爱好无关，完全是冲着"祁红"百年不衰的历史。就像在来的路上唐轩所想的，喜欢一种东西，一个理由，足矣。

"不错，这祁门红茶一直被称为工夫红茶中的珍品，1915年曾在巴拿马国际博览会上荣获金质奖章。创制一百多年来，也一直保持着优异的品质风格和很高的声誉。不仅在中国独树一帜，在国际上也占据了很高的地位，这次GAC在杭州开展工作，跟祁门红茶也有几分相像啊！"唐轩果真是一个聪明的男人，一下子就可以把话题从茶转向了今天的主题。

当然，孙志也听懂了话中的含义，就顺着唐轩的话往下问："那么接下来，GAC在杭州有什么打算？"

"简单地说，是建立总部之外的最大的分支机构，主要负责华东地区以及部分国外业务的开拓和运作。"唐轩说。

"那怎么不放到上海呢？"孙志接着问，"那里毕竟是金融中心，相对于其他城市来讲，开展业务可能会相对顺利一些吧？"

"这个问题，其实关董早也想过，不过公司现在是想把广告行业从中国的速食主义向国际化方向发展，因为广告行业现在遇到的问题用一句比较流行的话说就是——中国的，却不是世界的！"唐轩说。

"嗯，关董的这个想法非常好，但一般的公司没有充足的资金和足够的胆量去运作，这也是这个行业不能够整体发展起来的重要原因。"孙志表示认同。

"公司现在是大势已定，只欠东风啊！"唐轩继续说道，"从现在的形势来看，人才不好找啊！"

"这点我也有同感，人是好找，可都不好用。没经验的用不好，有经验的不好用，就我公司的那些人都让我头痛死了。"孙志说。

"不过依照GAC在广告行业的地位来说，人才应该不是问题啊！"孙志又说。

"有的人才是只有花高薪才请得到，一旦薪水不符合自己的基准或者有更高的薪水，就立马走人，这样的人不能用，从长远来讲也不可用啊！"唐轩说。

"话是这么说，可是在现今的社会，薪水的制定确实也是一个非常大的问题啊！"孙志说。

"这话不假，不过公司现在是在开拓一个新的领域，所以暂时也不需要一流的业界高手，毕竟人才是培养出来的，GAC更不想要那些所谓的精英把自己以往的经验带到公司内部的发展战略之中。"唐轩说。

"嗯，这话一点也不假，"孙志又接着问，"那么，现在杭州有多少既定员工？"

"现在看来就你我两个。"唐轩说，不知道是不想要孙志有退路还是他真的从心底已经把孙志纳入到GAC。但唐轩的这个话并没有让孙志过多地去想。

孙志又问："那接下来要从员工开发开始了？"看来孙志措辞也是相当有韵味，他没有简单地说招聘，而是开发，看来他真的想在GAC有番作为了。

"嗯，这个是必须的。"唐轩说。

接着唐轩又问："你决定来GAC的话，那么，现在的这个公司谁来管？"

这个问题孙志也不是没有考虑，毕竟这个公司是自己一手做起来的，尽管现在有点累，但毕竟是自己的地盘，做起事情来也没多大的规矩，一旦加入GAC就得依照格式化的流程去走，说不定自己真的会不适应。

看到孙志没说话，唐轩也知道，这毕竟不是个小事情，一个晚上就做出决定，从一个公司老总变身为一个打工者，并非谁都能够在这么短的时间想得通。

"你们公司现在主要做哪方面的广告？"唐轩问道。

"现在还是以平面广告为主，不过去年开始逐渐涉足电视广告，但现在很多东西也不太完善。"孙志说。

"嗯，"唐轩思索了一下说，"虽然GAC在国际上已经拥有了一定的地位，但主要还是以电视广告为主，平面广告也在做，不过做得相对比较少。之前高层领导也讨论过这样的问题，说'既然电视广告已经到了一个层次了，要再往上走就会到一定的瓶颈'。公司也曾考虑过先扩大平面广告业务，之后再齐头并进。"

"这是一个好的理念，那接下来是不是要按照这个运作啊？"孙志问。

"具体的文件还没有下来，可能还要过两天，毕竟问题也不是太大。"唐轩说。

接着他又说："如果把你们公司的部分员工纳入到GAC的话，你会有怎样的想法？"

"就是说要把我的公司给并购了？"孙志笑着说。

这种笑并不是畅怀的微笑，如果自己公司真的被GAC给并购了，或许会解决自

己现在遇到的问题，但倘若自己在GAC做得不好，想要退出岂不要从头再来？

唐轩也意识到孙志是在想这个事情，接着说："其实GAC现在还有一个很大的变革，就是培养内部员工的创业意识，若干年后，GAC在拥有自己品牌的同时，也会像连锁产业一样拥有自己的广告帝国。"

"嗯。"孙志若有所思地点了点头。

这个时候，唐轩似乎猜出孙志的心理。于是，他说："我给你讲一个故事吧！"

"好啊！"孙志高兴地说。

"这个故事是关董讲给我的，很长时间以来，这个故事帮助了一代又一代的人，同时也误导了很多人。"唐轩说罢，喝了口茶。

10   家鼠和田鼠的故事

　　田鼠与家鼠原本是好朋友，一天，家鼠应田鼠所邀，去乡下赴宴。看到田鼠用大麦和谷子招待自己，家鼠对田鼠说："朋友，你知道吗，你这种蚂蚁一般的生活跟我的生活简直没法比，我那里有很多好吃的东西，我们一块去我家享用吧！"于是，田鼠跟随家鼠来到城里。家鼠把田鼠带到一个漂亮的屋子里，那里不仅有豆子和谷子，还有红枣、干酪、蜂蜜、果子。田鼠看得目瞪口呆，大为惊讶，称赞不已，并悲叹自己的命运。可是，正当它们吃得起劲的时候，突然听到"喵"的一声，胆小的家鼠一听声响，害怕得赶紧钻进了鼠洞。可是，由于田鼠对这里并不熟悉，吓得四处乱撞，最后终于逃到家鼠的洞里。它一副气喘吁吁的样子，已经是吓得魂飞魄散了。这时，田鼠顾不上饥饿，战战兢兢地对家鼠说："吓死我了！与其担惊受怕地享受这些好吃的东西，还不如安安稳稳地去啃那些大麦和谷子，平平凡凡地过普通的生活。"于是，田鼠又回到了乡下，过着捡拾大麦和谷穗的生活……

　　听了这个故事，孙志有些不太明白，就问："唐兄这个故事的意思是……"

　　"这个故事情节很简单，也揭示了一个很简单的道理，"唐轩说，"那就是有些人宁愿过着平淡安稳的生活，也不愿意去尝试惊险富足的日子。"

　　"嗯，是的，特别是对于从小接受传统教育的我们来说，很多时候，生活的道

路已经被父母给设定好了，我们只要规规矩矩地在亘古不变的系统的框框里成长就可以了。"孙志边思考边说。

"是的，小的时候我们在听这个故事的时候，大人们总是希望我们过上田鼠一样的生活，虽然辛苦、平凡，但很安稳。"唐轩接着说，"所以，我们一直都被这个故事误导着。直到关董给我解释了这么一个深刻的道理后，我才想明白，原来，想要生活得更好是一定需要冒风险的，家鼠的生活不就是我们所要追求的方向吗？"

"什么道理？"孙志问道。

"小的时候我们一直听着前辈的教诲——勤劳可以致富，知识可以创造财富，可是那个时候我们并不知道，前者只是后者的充分条件而非充要条件。"唐轩接着说，"严格地说，勤劳并不能够致富，勤劳只能解决温饱问题；知识也不一定能创造财富，只有当你应用了头脑中的知识，产生应有的价值的时候才可称之为创造财富——就像金钱只有流通才会产生价值一样。"

"嗯，这点我认同。"孙志说。

"其实，每个人本身都是具备做家鼠的潜质和想法的，不过是被灌输的思想多了，被束缚的条条框框多了，就变得循规蹈矩起来，当然，也就变得平凡起来。一旦思想上的东西根深蒂固，再多的呐喊又有什么用呢？"唐轩边说边感叹道。

"唐兄的意思是，我现在应该从田鼠的圈子里走出来，去寻找家鼠一样的生活？"孙志似乎有些明白了唐轩的意图。

"这个就需要你自己去斟酌了，很多道理别人讲给你听的时候，姑且听之；听完之后别人问你感觉，姑且信之；毕竟文字上的东西引导不了我们现实的思想，借鉴来的也只能够作为行动上的参考。"唐轩说，"故事之所以是故事，是因为我们可以从不同的角度来看问题，从而调整自己生活的方向。"

这个时候，孙志也有点想开了，既然决定做了，为什么还要给自己留下后路呢？"天无绝人之路，豁出去了，有舍才有得嘛，"孙志想，"再说以GAC的发展前景以及现在所处的国际地位来看，自己或许也可以少走很多弯路呢，毕竟自己对于真正的管理还真的不太懂，唯一拥有的只是相对比较灵活的头脑和可以使公司不至于被饿死的人脉关系，倘若借助GAC的话，自己在广告行业的地位说不定还真的会有一个新的提升。"

不过，为了慎重起见，孙志又想了想说："这个问题，我也不能这么就做决定，毕竟也关系到内部所有的员工，再说GAC不是收容所，不可能因为我一个人而接纳所有的员工。这样吧，我回去再好好想想，反正我是已经定了下来，员工的事情我们再做商讨。"

唐轩知道，对待这个问题孙志需要足够的考虑时间，另外他说的也不无道理，GAC只能够接纳他公司的部分员工，而对于另外的员工，从孙志的人情面来讲，总该给人家一个好的说法吧！

这次的见面虽然只聊到这里，不过唐轩有足够的把握相信孙志会同意带领自己的部分团队加入到GAC，另外他也有足够的能力处理好其他的事情，这两个方面，他仅凭两次聊天就可以断定。

临走的时候，唐轩又仔细地参观了一下"随你吧"。这个地方就像是"1956"一样，让他流连忘返。

再说孙志，回去之后，在网上又看了一遍关于田鼠和家鼠的故事，真的只是一则很简单的寓言，但这寓言却能够产生两种不同的人生。

这天，又是一夜未眠，孙志思考了整整一个晚上。半夜里，他还在屋子里时而踱步，时而点支烟，抽几口，又浏览着网页。

这个时候他的思绪，就像是窗外的风一样，没有方向……

第二天，孙志无意间闯入一个论坛，这里边很多人都在讨论一个什么四象限理论，似乎跟之前唐轩给自己讲的什么"四象限原理"有着异曲同工之处，于是，他也饶有兴趣地看了起来。

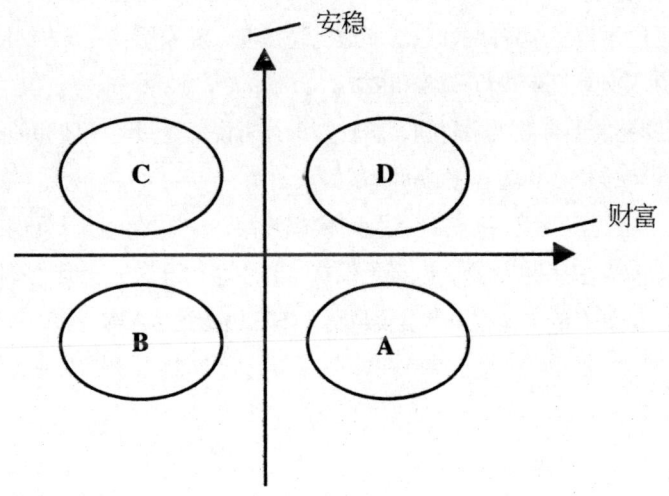

这里讲的是人成长可能经历的四个象限：

第一象限是安稳却贫穷。就是所谓的打工族，可能收入不高，平淡，但维持温饱不成问题；

第二象限是风险和贫穷。这些人可能是创业失败，或者是社会底层连温饱都保证不了的人们，一旦没有收入来源，他们就会遭遇饥饿和寒冷；

第三象限是财富却风险。这个象限的人大多正在创业，一旦创业失败，就有可能进入到第二象限之中，但如果创业成功，则可能进入到第四象限；

第四象限是财富且安稳阶段。这批人不需要过多的奔波和辛苦，因为他们不仅已经达到了财富的自由，同时也会有一群第一象限的安逸型人给他们打工。

孙志分析了一下，自己似乎哪一个象限都不太符合，应该算是在第三象限和第四象限的交界处吧！孙志想，不过公司要想有更好的发展甚至在业界有不错的知名度，依靠自己摸爬滚打的经验是远远不够的，或许真的要借助GAC的力量？

这个时候，孙志看到了以下这句话——勤劳只是实现致富的必要条件之一，从来就不是充要条件，如果一个人只有勤劳这一个优点或者特性，那么勤劳对于他来说就是简单劳动的重复和延长。

"嗯……"孙志意味深长地吐了口烟。

只过了一天，孙志就给唐轩打电话，说自己已经安排好了员工的事情，看唐轩这边打算什么时候面试。尽管是并购，GAC还是会坚持原则按照公司历来的制度，一个一个地测评员工是否符合自己的未来发展战略。

又过了两天，唐轩说，总部那边已经批准，专家组将在下周四对盛世传媒全体员工以及其他应聘者进行测评和审核。

也就是说还有五天的时间，唐轩告诉孙志说，这段时间要和他一起筛选一些更有潜力和特点的、更适合在GAC发展的人。

接下来的几天里，孙志比任何时候都要忙，一边要忙自己公司的处理，一边又要熟悉GAC的流程和理念，以至于没有时间思考自己这么仓促地答应唐轩到底是对还是错。或许有的事情越思考就会越乱，还不如就凭第六感来做，兴许会有意想不到的转机。

　　穷人和富人最大的区别不是后者比前者多了多少金钱，而是后者有一定要成为富人的野心！然而前者可能也很想成为富人，但他们只是很想而已，并没有特别强烈的一定要实现的信念，当然也就没有付出更多的努力。

　　倘若你想要真正脱贫，纯粹物质上的安慰并不能够真正地让你富足，最重要的是应该改变你的心态！

　　难道你真的很天真地以为单纯的勤劳就可以致富吗？那么多辛勤耕种的农民、起早摸黑的清洁工……他们是何等勤劳，但他们又拥有了多少财富呢？

　　我们常说——一个人的心在哪里，他未来的方向就在哪里。所以，千万不要以为自己的思想只有自己才会知道，要知道，宇宙也可以听到你最心底的声音。如果你认为自己注定要平平凡凡地走过一生，你就真的会平平凡凡地度过一生！同样，连你自己都不确定要不要改变，那还指望谁能够改变你呢？

　　既然如此，选择跟努力，究竟哪个更重要一点呢？

　　我们只能很理智地说，先要做好正确的选择，一旦确定了之后，就要义无反顾地努力去做！

　　或者也可以颇有诗意地这样说——人这一辈子要做一个很大很大的梦，这样才可以包裹住很多很多很小的梦想。当然，每一个美丽梦想的泡泡里都要装上选择和努力！

完美团队成功记
Perfect Group

11　　偶遇朱晓晓之两只蜗牛的故事

晚上，唐轩在网上边听歌边看新闻，接触电脑这么多年了，唐轩除了用它做设计之外，就是看看新闻了，有时候心血来潮了就去"世界经理人"灌灌水。不自恋地说，好歹自己也在广告行业做了这么多年了，说出来的话还是有一定水准的。

这时候，传来"滴滴滴"的声音，唐轩看到右下角的QQ在闪动。

对于QQ这种联系方式，唐轩给予的态度是不追随也不反对，反正就这么挂着，偶尔有人聊天就侃上几句，遇到不懂装懂的人就批上几句。从唐轩的角度来讲，网络本身就不怎么真实，所以，所有的正面的、负面的、夸赞的、蔑视的，都不必太在意。

"你认识我吗？"打开窗口，唐轩看到这样一句话。

接着他点击查看了这个网名叫"无厘戒子头"的女孩的资料：22岁，个人签名是"这个社会对人的一种偏见，并非在于你能力是否优秀，而是在于你浪迹江湖的资本是否雄厚！"不知又盗用哪家的名言，唐轩笑了笑，不过想想还觉得真挺有道理的。

很显然，自己的圈子里边没有这样年纪的女孩，再者说，跟唐轩走得比较近的女孩也不多，最多也就是在GAC的同事。

"不认识。"唐轩一边敲击着键盘一边想一个女孩子怎么就取了个这样的名字。

"那你怎么在我的同学里边？"无厘戒子头说。

这时候唐轩有些疑惑了，八成是无聊了，搞恶作剧吧？

"不知道。"唐轩说。

"是你加的我吗？"无厘戒子头说。

"不是吧，一般我不随便加人的。"唐轩说得没错，一般自己用QQ聊天都很少，最多也就是业务上传递些文件啊，发发图片之类的，平时也就这么挂着，偶尔也可以从一个名为广告俱乐部的群里边捕捉一些行业信息或者一些创作上的交流。

"我也是。"无厘戒子头说。

就这样，两个人的谈话结束了。

唐轩依旧听着歌，点击着网页浏览着新闻。

……

过了一会儿，QQ又闪动起来，打开一看，还是无厘戒子头发来的，上面写着："我给你讲一个故事吧！"

反正自己现在也没什么事情，唐轩说："好啊！"就当作随便侃侃吧，唐轩想。

"在地球的两端住着两只蜗牛，一天他们觉得光有房子还不够，为了过得更幸福，就决定去寻宝。于是他们一个从地球南端出发爬向北方，一个从北方向南方爬行。

甲蜗牛来自南方，乙蜗牛来自北方，漫长的爬行让两只蜗牛在地球中点的十字路口相遇，由于是陌生的，他们没有说话，继续朝各自的方向爬行。

但不幸的是他们有了相同的想法：对方这么急朝我来的路爬去，肯定那条路上有很多宝贝我没有发现——这样想着，两只蜗牛便同时掉头，朝来路爬去。在同一个路口，他们又相遇了，可是还是没有讲话。

就这样，一辈子的光阴过去，他们只是忙着在路上爬，结果各自回到起点——就因为他们在相遇的那个路口，没有和对方说句话，没有问一句你去哪里，做什么。最后只能回到来路的起点，一无所获。"

无厘戒子头发过来这样的文字。

唐轩看了之后，笑了笑，觉得这个女孩还真挺有意思的，正琢磨着自己要怎么样开口呢，对方的头像又闪动了起来。

"你知道一个五分熟的牛排跟一个八分熟的牛排放在一个桌子上为什么不说话吗？"无厘戒子头问。

关于这种问题还真难倒了唐轩，平常自己会读点管理方面的名家之言或者小故事啊什么的，但是关于这种类似脑筋急转弯的东西还真没怎么看过，当然也就猜不出来了。

"猜不出来。"唐轩老老实实地回答。

"哈哈，笨了吧！"无厘戒子头说。

唐轩有点无语了，不过在自己的记忆中似乎没人说过自己笨，从小学到初中、高中，再到大学，出国留学，一直到误打误撞走进广告行业，唐轩都做得有声有色，不管是长辈还是领导抑或是同事，没有谁不夸他聪明有才的，今天听到有人说他笨，并且还是晚辈，唐轩还真有点意外。

或许人都是这样子的，山珍海味吃多了，偶尔吃个窝头都会觉得很是新鲜，大叫好吃，再来一个。好听的话听多了自然也就没什么感觉了，所以啊，才会说人是不知足的动物，总是身在福中不知福。

完美团队成功记
Perfect Group

12　朱晓晓的理想

这个时候，无厘戒子头又说话了："因为它俩不熟呗！"

"哈哈哈……"说完，对方自顾自地笑了起来。

一般来说，聊天用的"呵呵""哈哈"都只是拟声词，纯粹属于条件反射。但这一次，唐轩似乎真的看到对方笑了似的，也回复了一个："哈哈。"

"看来我说得太多了，"无厘戒子头说，"'沉默是金'先生，您不会真的以为沉默是金吧？"

面对这样一个问题，唐轩觉得今天自己显然是状态不够好，怎么感觉对方的每一个问题在自己看来都那么尖锐呢？唐轩觉得不好意思不作声，但想要辩解又不知道怎样说才会更合适一点。

"或许吧，很多事情是不需要理由的，就像自己的QQ昵称一样，你的又是什么意思呢？恐怕你也说不上来吧？"唐轩反问道。

本以为自己的反驳会让对方无奈地"呵呵"一下，可没想到无厘戒子头却说："我想大叔一定是做事情不动脑子吧？这么言简意赅的语言竟然都不理解，真枉费国家教育部对你多年的培养啊！"

唐轩想了想，就笑着说："怎么会不知道呢？不就是一只调皮的小八戒嘛！"

看来这个时候唐轩才算是有了那么一点状态，话匣子也开始慢慢打开了。

"你真的好笨哦，"无厘戒子头说，"不过你这种理解我也暂且接受啦！"

唐轩就接着话说："那我以后就叫你小戒子啦！哈哈！"

"那我叫你大叔，你不就是……"小戒子说，"有句话叫做搬起石头砸自己的脚！"

"哈哈哈……"还真是一个鬼灵精的小姑娘。

"你是做什么工作的呢？"唐轩突然对这个女孩子有了一点想要了解的冲动，当然不是建立在男女关系的感觉上。

唐轩虽然还没结婚，但也是一个对待感情非常专一的男人，心中的那段感情还没有结束，也就还存有希望的想象和憧憬，所以自打那次分手之后，八年来他一直都没有再谈过恋爱，这令很多朋友都为他惋惜——一次初恋，错过了很多条件相当不错的女孩。

"无业游民。"小戒子说。

看到这样的回答，唐轩一点也不感到意外，现在的大学生都眼高手低，月光族、啃老族都是形容现在自称为"新新人类"的80后、90后的。"怎么不找份工作先做做？"唐轩问。

"工作好找，兴趣难求，我可不想随便找份将就着。"小戒子说。

看来自己想的一点都没错，都是这么一个现象，也许自己应该劝她点什么吧。此刻，唐轩似乎有一种想要为国家培养栋梁的冲动。当然这也是可以理解的，毕竟自己现在也在为GAC物色人才嘛，或许……唐轩也不知道自己为什么这么轻易地就把这个才聊了没几句的女孩子跟GAC联系起来。

也许，真的就是上天的安排？暂且不去管它了，唐轩想。不过，这个传统男人骨子里还是比较相信命中注定的，就像当时唐轩与孟菁菁的相识一样，一切都是那么偶然，又是那样自然。怎么又想到她了？忘不掉，还是忘不掉啊……

"刚毕业的孩子啊，还是现实点吧！不要老想着天上会掉什么馅饼……"

唐轩话还没说完，那边小戒子就已经发话了："就算是掉了馅饼也不会砸在我头上的，对不对？"

看来这个女孩还真倔强得可爱，接着她又说："说不定还把我砸成个脑震荡，那就可以在家做白日梦了！"

这个时候，唐轩忽然想到有个主持人曾经说过："拿别人开玩笑那叫刻薄，拿自己开玩笑才叫幽默。"他逐渐感觉到这个女孩可能真的与众不同，于是便开始有目的地询问。

　　"那么你想要找一份什么样的工作呢？"唐轩问。

　　刚点了发送，又觉得这个问题问得很没水准，像这么宽泛的问题必定会得到无从追随的答案。女孩子嘛，当然会说能够舒服一点的，自己也喜欢一点的，诸如此类的，即便是加上能够锻炼自己，也不过是想要博得他人的兴趣罢了。

　　"做讲师。"小戒子这样说。 唐轩当然没有想到女孩会这样干脆地回答，似乎没有一丝一毫的犹豫，应该是"蓄谋"很久了吧？

　　"怎样的僵尸呢？"唐轩不小心打错了两个字。

完美团队成功记
Perfect Group

13 QQ闲聊之两高手的对峙

"哈哈哈，大叔怎么那么不用心，这么大的人了，两个字竟然也会搞错，是不是借机讽刺我啊？"小戒子又说。

本来唐轩想要解释的，但这个时候，他忽然话锋一转，说："难道你不知道僵尸和讲师有很多类似的地方吗？"

"类似的地方？怎么会呢，不会是大叔打错了字还要为自己辩解吧？这点可不好哦！错了就要承认嘛！"这个小孩，有时候说话还真有点小大人的感觉，即便说得有些不礼貌，也不会让人觉得讨厌。

"你想一想，僵尸是不是有男女之分？讲师是不是同样有男女之分？"尽管唐轩知道这种说法的确有点无厘头，但还是硬着头皮说了下去。这个世界上难以收回的三件事情之一就是"说出去的话"，这个时候，唐轩只能自圆其说了，只求对方不要深究。

突然，唐轩似乎又想到了什么，于是接着说道："还有一点哦，就是僵尸的跳跃能力高，移动能力更强，讲师思维活跃，差不多一个性质的嘛！"唐轩说完还笑了笑，总算靠谱一点了吧！

"呵呵。"对方简单地回答。

"送你一句话吧，'在这个世界上，人们可以做自己想做的，但不一定能够要自己想要的'。"唐轩说。

"我知道啊！不过还有句话说种一棵树的最佳时间是20年前，第二个最好的时间就是现在。我要是从现在开始培养，20年之后，我想就一定可以实现了！"从她机智的表达中可以感觉出这个女孩子真的比同龄的孩子更有方向感。

"小姑娘，哪里人啊？"唐轩问。

"河南的。"她答得倒也痛快。

"河南骗子多啊！"唐轩故意说。

"其实哪里人并不重要，哪种人才最重要！"小女孩坚定地说。

现在，唐轩开始惊讶，女孩子竟有如此敏捷的反应能力与如此巧妙的说话方式。

"解释永远多余，理解我的人不需要，不理解我的人没必要。"小戒子接着说。

唐轩笑了笑，继续问："哪所学校毕业的啊？什么专业？说不定我还可以帮点小忙呢！"人有的时候，就是会拿一些小的诱饵去追究别人的背景，在这点上，唐轩也不例外。

"一个名不见经传的专科学校，学化学的。"小戒子说。

"不知道的人还以为你是学心理学的呢！"唐轩说。

"所以说嘛，这个世界上的人永远都站在一个未知的角度去看待别人，还拼命地以为自己眼光很准。"小戒子一本正经地说。

"不过，现在这个时候，工作也的确难找，本科生、研究生都不好找工作，"唐轩说完，又觉得这个观点过于世俗了点，于是又赶忙说，"不过没关系，机会总是会有的嘛！"似乎是给对方一点安慰，毕竟还是个刚毕业的小毛孩儿嘛！

"其实，有学历不一定有文化，学历是教育局的事，文化是文化局的事，完全是两个部门的事情嘛！"小戒子略带调侃地说。

"年纪不大，见识不小啊！"唐轩说。

"纯粹只是一些浮夸的语言而已，大叔也不必见笑，小女子这厢有礼了！"看到这个鬼灵精的小丫头一会儿成熟一会儿可爱的，唐轩忍不住笑出声来。

"这么晚了，还不睡啊？"唐轩看了看表，不觉间已经晚上11点半多了，时间还没打招呼就这样偷偷地溜走了。

"习惯了哈。"女孩子接着说，"这个时候我的脑细胞才更加活跃。"

"呵呵，"唐轩笑道，"还是早点睡比较好，女孩子嘛，总是爱美的，有双熊

猫眼多难看啊！"这句话当然不是出自唐轩的口，唐轩清楚地记得，当自己还是个夜猫子的时候，孟菁菁总是拿这句话撒娇，经常还改了用来劝自己——男孩子嘛，也是爱美的，有双熊猫眼不绅士了吧？

"有些事情就是明知道却又做不到，"接着对方又顽皮地说，"爱迪生发明了电灯，不就是为了让人们晚上工作吗？"

"小孩子还真会钻空子，"唐轩装出一副大叔的模样，打了个哈欠，说，"我要睡了，明天还有事情，886。"

"887。"小戒子说。

"887是什么意思？"唐轩忍不住问。

"就是比你大一个数字啊！"戒子笑着回答。

"小鬼灵精，晚安！"唐轩又忍不住笑了笑。紧接着，就下线了。

"还真是一个有趣的女孩子"，唐轩忍不住又念叨了一句。不过这个晚上，唐轩睡得很是安稳，而且还做了一个甜甜的梦，梦见自己和孟菁菁背靠着背坐在草坪上，两个人幸福地唱着那首《最浪漫的事》……

完美团队成功记
Perfect Group

14　天上掉了个东西，不知道是不是馅饼

　　早晨的太阳"小荷才露尖尖角"，唐轩就已经坐在餐桌前吃早餐了。这个时候是他一天当中最轻松的时光，享受着阳光的温暖，品尝着早餐的美味，浏览着昨天和今天的新闻要点以及行内信息，一切都显得那样安详、自然和新鲜。

　　突然，电话响了起来，唐轩拿起电话，接通之后，电话那头传来孙志急促的声音："唐兄啊，我这边人员基本上已经安顿好了，后天面试人员的名单也基本确定下来了，你看你那边还有没有需要补充或者特别交代的？"

　　"待会儿你把名单以及大致的安排发到我邮箱，等我看过之后，再跟你联系。"唐轩说。

　　"好的。"孙志说罢，挂掉了电话。

　　吃完早餐，唐轩打开窗户，抬头看了看此时的太阳，顺便伸了几个懒腰——又是新的一天，唐轩想。

　　接着又泡了杯茶，放到电脑桌旁，打开电脑，进入邮箱，一封未读邮件，是孙志发过来的。这小子办事情还真的挺利索，唐轩笑了笑，大致上看了看，觉得没什么问题。

　　这个时候，QQ又跳跃了起来，打开一看，原来是小戒子昨天晚上发过来的："嗯，晚安。"

　　这小丫头还真有礼貌，唐轩想。

这时，唐轩看到女孩也在线，于是就说："明天早上9点，我朋友公司要面试，你准备一下也过来吧。"

"什么公司？"戒子问。

"过来你就知道了，呵呵。"唐轩说。

"我不打无准备的仗，知彼知己才能百战不殆嘛！我总要了解对方的背景，万一不感兴趣，岂不白跑一趟？也承了您一回人情？"小戒子说。

看来自己真没看错人，这女孩真挺有方向感的。

"GAC。"唐轩说。

"不错的公司呀，终于在杭州落户了？"小戒子又问。

"你也知道？"唐轩有些惊奇，一个刚毕业的学化学的外地女孩，竟然也知道GAC？毕竟，GAC不像脑白金的广告一样铺天盖地。作为一家广告公司，GAC也就相当于幕后制片人，尽管在行业内已经有了相当的地位，但行业以外知道的人并不多，况且还是一个刚从学校里边走出来不久的小丫头呢。

"地球人都知道，哈哈。"当对方这句话说出来的时候，唐轩不禁再一次欣赏女孩的机智和幽默了。

"那么，有没有在你的考虑范围之内呢？"唐轩问。

"这个嘛，"女孩故意卖了一个关子，过了几秒钟，说，"求之不得呢！"

"那你不准备做讲师了？"唐轩故意逗她。

"您还记得这个呀？"小戒子说。

唐轩这时候想，或许所谓的理想只是女孩随口说说的，这时小戒子又说话了："当然要！"

"那怎么还……"唐轩说。

"多个机会多种选择嘛，再说，大叔的邀请我怎么能够拒绝呢？"小戒子说。

唐轩笑了笑说："不过，面试能不能通过就要看你的了。"

"没问题！"小戒子很坚定地说。

"你叫什么名字？"唐轩问。

"朱晓晓。"对方说。

哈哈，果真跟"猪"有关，唐轩笑了笑，接着说："发份简历给我吧，我帮你交过去。"

"好的，谢啦！"小戒子有礼貌地说。

这时候，电话又响了起来，唐轩一看，是孙志打过来的："唐兄啊，邮件收到了吧？"

"嗯，看到了。"唐轩说，"没什么问题，就按照你的安排做好了，今天全部通知到位，明天迟到的，直接淘汰。"

"好的。"孙志说。

"哦，对了，"唐轩补充道，"面试名单里再加上一个人，待会儿我把简历发到你邮箱，加上去就可以了。"

"呵呵，好的。"孙志说。

"那好，明天见！"唐轩说。

"再见！"

挂了电话之后，女孩的头像已经变成了灰色，不知道是隐身还是下线了。唐轩奇怪为什么女孩子没有向他打听更多的情况，或者询问自己为什么要给她这样一个机会，或是自己能够在GAC做什么……或许自己想得太多了；或许在女孩看来这本来就是一件很简单的事情；或许女孩的心思真的……很难猜。

再说孙志看到女孩简历之后，心想是不是唐轩发错了，怎么一个专科的化学专业应届毕业生也可以纳入到本次的面试名单里边，如果按照公司的制度走，即便是应届本科专业对口的毕业生也不一定能够有面试的机会。莫非此人跟唐轩有什么亲属关系？孙志猜测着。

但想归想，事情还要照办，唐轩这样做必定有他的理由。孙志整理好资料之后，就安排下属通知面试人员了。

晚上的时候，唐轩特意上了线，想要跟朱晓晓再聊一会儿，可是朱晓晓却没有在线，唐轩突然间有一点失落的感觉。

人，有时候就是这样子的吧，对于陌生的事物总会有一些好奇心，更何况是一个爱耍宝又爱玩笑的小姑娘呢？

或许，真的，有时候——饭，要吃八分，才会健康；话，要说八分，才会给下次留有想要交谈的冲动。

这时候，唐轩忽然想到一个很早之前看到的小故事，讲的是两只困倦的刺猬，由于寒冷而拥在一起。可因为各自身上都长着刺，紧挨在一起，就相互刺痛，但离开了一段距离，又冷得受不了，于是又互相往一起凑。就这样几经折腾，两只刺猬终于找到一个合适的距离，既能获得对方的温暖又不至于被扎。

当时看的时候只觉得是一个故事而已，现在想想还真有点符合自己此时的心境。

这或许就是人际交往中的"心理距离效应"吧！人与人之间，或许就是因为有了"刺猬距离的法则"才会永远有一份期待。

引申到企业管理之中就是：领导者要搞好工作，既要与下属保持紧密的关系，又要保持适当的心理距离。同样，作为团队的一员，同事之间也应该适当地保持距离，这样既有利于政令畅通，也有利于相互配合工作。

唐轩的思想就是这样，每一件细小的事情都会不自觉地引申到企业管理之中，用他的话讲应该就是"职业病"吧！

　　这个世界越来越大，人们的圈子却越来越小；这个世界越来越精彩，人们的生活却越来越无奈！

　　每天上班、下班，工作、家庭，两点一线，不去参加社交活动，不去认识新的朋友，还有权力说自己生活得没有乐趣？

　　这个社会其实很简单，只不过是一些不简单的人把它搞得复杂了。过分的心理防卫以及自我保护意识让你不能够用一种比较平和的心态去对待周边的每一个人，习惯了用有色眼镜看待这个世界，突然间摘下来还以为自己走错了方向！难道这就是你对于这个世界最纯真的理解？

　　于是，原本善良的人们不再善良，原本无话不谈的朋友不再畅快地沟通，这是因为自己对于这个世界已经失去了最真诚的信任。所以在你接到馅饼的时候总是会惊慌失措地把它扔得远远的，生怕它是破坏自己平静生活的"手榴弹"！

　　这个时候，如果你想要自己的生活不那么波澜不惊，更加与众不同，你就应当抱着一颗好奇心来看待周边的人和事，不要妄自加入自己片面的评论，否则只能愈加愤世嫉俗！

　　有一句话这样说：三等的人谈论人，二等的人谈论事，一等的人谈论思想。如果你想要做一等的人，首先你就要摆脱自以为是的心理，做一个相信自己、相信别人的谈论思想的善良的人！

完美团队成功记
Perfect Group

15　面试（1）

第二天，刚过8点，唐轩到GAC公司楼下，就看到已经有很多应聘者提前赶到了。还没有大张旗鼓地发布招聘信息，就已经备受关注了，看来GAC的名气真不是吹的。

经过一楼大厅的时候，唐轩还有意识地张望了一下，想看看朱晓晓有没有过来。不过，在这么多的人中找到一个认识的人都有点困难，更何况是一个素未谋面的人呢！这个想法显然有点不太现实。

"先生，您的东西掉了！"唐轩觉得似乎有人在跟自己讲话，扭头一看，原来是一个身着白色职业套装的女孩，直觉告诉他，这个人肯定不是朱晓晓。

"先生，您的钥匙掉了！"只见这女孩边说边把钥匙递了过来。

"哦，谢谢。"唐轩说。

接着他又问了一句："你是来应聘的吧？"

"是的。"女孩说。

"祝你好运哦！"唐轩鼓励道。

"谢谢您！"女孩鞠了一躬，转身走开了。

上了楼，走进会议室，孙志已经在忙碌了。

这小子，还真是块好材料，唐轩想。

"唐总啊。"看到唐轩来了，孙志热情地称呼。

听到孙志叫自己"唐总"而不是"唐兄"，唐轩还真有点意外，不过想想这小子还真识大体，唐轩也就放心了。

"主考官那边刚才我已经联系了，他们8:45会准时到。"孙志说。

"嗯，做得非常不错！"唐轩夸奖道。

其实，别看孙志这小子表面上一副花里胡哨的样子，做起事情来还挺让人放心的。

8点40分，两个穿着正式、表情严肃的中年男人走进会议室。

"我来介绍一下，"唐轩走过去，说，"这位是GAC大中华区人力资源部总经理祁邵阳先生，这位是设计总监郑中华先生。"唐轩逐一介绍之后，说，"这位英俊潇洒的小伙子就是关董特地推荐的业界精英——孙志先生。"

"您好！"孙志分别跟祁邵阳和郑中华握了握手。

之后，四人一块儿到招聘室去了。

今天参加面试的一共300人，预计筛选出25个，第一轮要淘汰200人。这样的竞争应该算是比较激烈的了，毕竟想要得到GAC的面试名额也不是那么容易的事情。

今天来的人大致上可以分为三类：

第一类是内部人员推荐的，仅占总数的1/20左右；

第二类是"海龟"级科班毕业，所占比例也不是很多；

第三类是在行业内工作5年以上，有重大获奖经历的。

光凭这要求，足以见得GAC对于人才的要求简直是精中求苛了，不过也难怪，中国国土之大、人口之多，就凭对"知名"这两个字的追求，应聘者就算赴汤蹈火也在所不辞，何况只是一场面试呢！

由于面试人员比较多，一天之内必须完成，所以第一关主要看应聘者的着装以及谈吐，至于专业水准，等到第二轮才可定夺。

有人可能会说，就凭这两条看人也太不全面了吧？

但事实就是这样，现今社会的规则就是宁愿漏掉十个天才，也不能多出一个精英！谁让中国人口如此之多，优秀之人如此之多呢？

再说朱晓晓，早上到达GAC的时候也才8点30分，但看到一楼大厅里人山人海的样子还真有点吓了一跳。

毕业之后也面试了几家单位，不过，像这么大的场面自己还是第一次遇到。不是自己害怕或者不想去，只是小的公司岗位自己貌似不太合适，而大的公司连面试资

格都没有。

看来，有时候网上聊天还是有点好处的，特别是跟一个陌生人说话，朱晓晓暗自地想。

今天朱晓晓穿了一件粉嫩的上衣，外加一条藏蓝色的格子裤，右肩挎了个颇有个性的小肩包，鞋子是黑色小圆头皮鞋。在所有应聘者中算不上鲜艳的，不过看起来多少有些稚嫩，一看就知道是初出茅庐的小妮子。

一眼看去，今天的场面还真够热闹，就好像进了拍电视的剧组一样，不仅人多，而且穿什么的都有。

这些精英，有的衣着正统，西服革履，职业、素雅；有的着装夸张，紧跟潮流，配饰张扬。竟然还有人身着唐装亮相，朱晓晓看到之后还真忍不住笑了起来，看来人的品位还真的有区别，并且有相当大的区别！

很快就9点了，面试有条不紊地进行着，朱晓晓拿到的号是234，应该快到最后了吧，她想。所以，一个早上都坐在那里老老实实地看人进人出。

突然间，她活跃的大脑里闪现出一大串的文字，于是就从包包中拿出了笔和纸，记录了下来。最后一看，原来是一首"诗"。朱晓晓写完的时候，自己也就忍不住咯咯地笑了起来。

全"诗"是这样的：

有的人进去了，

他还没出来；

有的人出来了，

还不如不进去。

有的人

昂着头："哈哈，一定没问题！"

有的人

耷拉个脸，

心想肯定完了！

有的人

期盼着怎么还轮不到我？

有的人

胆怯着为什么下一个就是我？

昂着头以为没问题的，

摔得最惨的可能就是你！

低下头以为自己没戏的，

可能会有意想不到的转机！

这一秒的期盼，

或许就是下一秒的胆怯；

这一秒的胆怯，

前一秒也一定在期待

……

随着时间一点一点地流逝，也逼近中午了，晓晓听到自己肚子"咕咕"地开始叫了，但还得老老实实地坐在那里，到底要什么时候才能吃饭啊？这个鬼灵精怪的女孩子现在竟然还有心想这些，毕竟还是个孩子，看待问题还是比较简单的，不像那些已经在职场上打拼了多年的经验人士把自己弄得紧张兮兮的。

完美团队成功记
Perfect Group

16　　面试（2）

这时候的主考场内，一会儿严肃，一会儿欢笑，毕竟不是高考，也不是刻模子，所以人物的个性还是表现得淋漓尽致，主考官的评审标准也只是通过人物的个性匹配可能适合的工作岗位，来确定首轮肯定的对象。

"139号！"只听里边有人喊道。

这时，进来一个衣着素雅的女孩。

"先做下自我介绍。"唐轩看也不看地说。不是他不屑看，而是面试的速度实在太快了，自己没有时间做更多的了解，当然，同时也要给其他主考官提问的时间。

"我叫沙子瑄，28岁，哥伦比亚大学设计专业毕业，之前就职于北京××广告有限公司……"

这时候，唐轩抬头看了看，原来是那个帮自己捡钥匙的女孩。他朝女孩笑了笑，或许因为过于专注和紧张，女孩显然没有注意到他。

看得出来，沙子瑄还是有点胆怯的，不过她的表现相当不错，最后唐轩在她的后面打了个勾，表示通过。

……

转眼间，已经12点了，这时候，一位工作人员走出来说："上午的面试工作已经结束了，请面试过的人员回去等通知，我们将在一个工作日内通知您是否参加复试。下午的面试时间是14点，希望还没有面试的人员不要迟到。"

中午饭晓晓是在GAC大楼旁边的一个小餐馆里边吃的，今天周边的生意还真是好，除了本身写字楼里边的人之外，又凭空多了几百号人，所以中饭吃得并不怎么惬意，只是扒拉了几口填饱肚子罢了。

吃完饭后，晓晓看到很多人直接走进GAC大楼，她看了看表，才不到1点，就径直走进一家小店买了杯奶茶，一路慢悠悠地走到距离大楼不远处的一个广场。

杭州的春天永远都是那么有生机，特别是在这个有阳光、有清风的午后，一时间晓晓似乎忘记了一个早上无聊的等待。

看着天上自由自在的小鸟、一朵朵洁白的云朵，晓晓的思绪又飘到了九霄云外。这时候，她又在想，那个给自己应聘机会的大叔是不是今天的主考官呢？不过，不管是不是，自己见到了他也不会认出的……

很快，时间到了1点50分，朱晓晓这才醒过神来，赶忙往GAC大楼赶去。

匆忙赶到的时候，已经很安静了，原来面试又一次紧张地开始了。

……

唯一的，只有坚持等待。

快4点了，这时候快轮到晓晓了，前边的前边的女孩已经进去了，朱晓晓突然间有点紧张起来。本来对这次面试也没抱太大的希望，就当作是玩玩的，可现在突然很在乎起来，心里很想要加入到这个行列里边来。

或许，人本身就是这样子的吧，不抱希望只是对自己没有自信罢了，这么知名的公司，谁又不想要进去呢？

思考的间隙，前边的前边的女孩已经出来了，她的脸上没有半点兴奋抑或是悲哀的表情，难道这就是传说当中的"不以物喜，不以己悲"？

突然，晓晓的心开始"怦怦"地跳了起来，之前面试的时候自己从来没有如此紧张。"不要看得太重"，晓晓这样安慰自己。

很快，前边的女孩已经出来了，相对于刚进去的表情，她的脸色似乎更凝重了，或许表现得不好吧，晓晓也顾不得去想。因为这个时候，已经有人叫她的号了。

"234号。"

"到！"晓晓边说边往里边走。

17   面试（3）

进入之后，晓晓礼貌地把简历递了上去。

孙志简单地看了一下就传给祁邵阳，祁邵阳大致上扫了一眼又递给了郑中华，因为每一个人都有自己明确的分工，只看简历中自己负责的那一部分。

"先做一下自我介绍。"唐轩说。

"我叫朱晓晓……"

唐轩抬头看了看这个自己引荐的小姑娘，衣着淡雅，仍旧可以看出隐隐约约的学生味儿。

拿到简历之后，唐轩下意识地翻了两下，其实他也不用看的，这份简历自己已经看了不下五遍了。当时还在想，是怎样一个伶牙俐齿的女孩子呢？现在看来，眼前的这个丫头跟自己想象的还是有点差别的，相对于她成熟的思想和不拘小节的口才，看上去还真有些稚嫩了。

翻到第二页的时候，唐轩看到背面似乎写了些什么东西，翻过来一看，原来是朱晓晓刚才随手写的那首"诗"。而此时的晓晓丝毫不知道自己竟然马虎到把那首诗写到了简历的背面。

"你刚大学毕业？"祁邵阳问道。

GAC的人力资源主管对于应届大学生一般是不屑一顾的。

"嗯，是的。"朱晓晓说。

"那就是说没有任何工作经验了？"祁邵阳显然不想耽误更多的时间。

"事实上，我在大学期间参加了很多工作的实习，比如……"朱晓晓说。

很显然，祁邵阳对于这些根本不在意，可能是职业惯性，也可能是之前拥有背景和学历的人太多了，此时的他显然不想浪费多余的时间在这个小丫头身上。

这个时候，郑中华说话了："化学专业毕业的，怎么会想到进入广告行业？"其实接下来他还想说，卖大饼的想要造原子弹，这现实吗？但这样的讽刺实在不适宜出现在这么一个场合，他也就客气了一下。

"广告行业需要的是创意灵感和对于美学与众不同的理解，所以学什么并不重要，关键是用的东西能不能好好地学。化学人可以把对实验的反复操作运用到对广告的精雕细琢上，这又有何不妥呢？"朱晓晓似乎感觉到了主考官的不屑，所以也没有做过多的解释，只是用反问的方式表达了自己的用意，以免引起更多不必要的反感。

这时候，应该是轮到唐轩提问了，可他张了张口，什么也没问，就直接说："我没有什么可问的。"

就这样，朱晓晓的面试就这么过去了，她没有想到自己等了将近一天，就只有短短两三分钟的时间用来被别人讽刺。不过，对这些她之前也预料到了，但潜意识里还是希望现实不要如此残酷，可事实本身就是这样，对于这些，她也只能够接受。

回到家里，朱晓晓打开电脑，想要把在GAC写的那首"诗"发到自己平时灌水的论坛上。可是找了半天，就连个影子都没找到。"

糟了！"朱晓晓这时候才意识到自己可能是把那些奇怪的文字写到了简历背面。

"这回是真的死定了！"晓晓想，"或许一开始自己就没戏！"她又暗自安慰自己。

这个时候，GAC公司会议室里，四个人正在进行紧张的面试审核。

"好累啊！"孙志打了个哈欠，伸了伸懒腰说，"原来招聘也是这么累的一件事情啊！"

一天的面试终于结束了，不过接下来还有很多事情要做。譬如商量讨论一天的面试结果，以及制定下一次的面试方案。

"我刚叫了外卖，大家就将就着吃点吧！"唐轩说，"看来今天晚上我们也有的忙了！"

晚上工作的第一项就是先将白天的通过情况做一下整理，四人投票：三票，包括三票以上算过，两票待定，两票以下的直接淘汰。

很快地，结果出来了，直接通过的有53个人，待定的有64个人，等于说再淘汰17个人，这17个人现在淘汰只有凭借零散的记忆和感觉。

朱晓晓是在这17个人之内的。

本来轮到她的时候就要被直接淘汰了，这时候唐轩拿出来她的简历，说："大家先看看这个。"

说着，唐轩就把朱晓晓写的那首"诗"给他们传阅了一下。

"哈哈哈……"看完之后，所有的人都忍不住大笑起来。

"这小丫头看问题还挺透彻的嘛！"祁邵阳感慨地说。

"创意不错，可以朝文案或者设计方向发展，是个可塑之才。"郑中华也乐呵呵地说。

"我就知道唐总推荐的人准不会错！"孙志也说。

显然，这些话也都是他们的心里话。其实说实话，经历了大大小小的招聘，像这样有风格的女孩子他们还是头一回见到。

"快9点了，大家晚上辛苦了！"唐轩看了下表说，"今天就先到这里吧，明天孙志负责通知复试人员，复试时间定于后天早上9点。"

"好的。"孙志答应着。

接着他又说："祁总，郑总，我送你们回酒店吧！"

这么紧张的一天就过去了。

晚上，晓晓一直关注着"QQ大叔"有没有上线，顺便可以询问一下白天的情况，尽管知道自己铁定通不过，但还是想要确认一下。人嘛，总会有一点想要被认可的心理，朱晓晓也不例外。

可是，一个晚上，唐轩都没有上线。

尽管唐轩也很欣赏这个女孩，但公司总有自己的制度，自己也不能按照自己的想法想怎样就怎样，即便是面试真的通过了还不一定能够被总部接受，他也只是想要给这个女孩一个机会而已，让她感受一下大公司的面试情况。至于能不能成为GAC的一员，那也要看她自己的表现了。

或许吧，这个世界上人与人的互相帮助是建立在彼此利益的基础之上的，对于唐轩而言，也不例外。

第二天早上，朱晓晓正在吃饭，一个陌生的电话打来。接听之后，原来是GAC公司通知她已经通过了初试，定于周六早上9点统一参加复试。

听到这个消息的时候，晓晓几乎不相信自己的耳朵，尽管先前还有些期待自己能够通过初试，但更多的感觉还是给自己判了死刑。现在的自己似乎浴火重生一般，兴奋得连饭都顾不得吃，跑到超市采购了一大堆的东西，之后逐个给自己的那些"狐朋狗友"打电话，约晚上来她家吃饭。

周六早上，朱晓晓早早地起床，一遍又一遍地试穿着衣服，不知道穿哪一件好。此时的她还沉浸在初试通过的喜悦中，全然没有心思去担忧万一复试被淘汰了怎么办。或许，她认为，只要自己通过了第一关就算得上是一个很大的进步了吧！小孩子的思维总是这么单纯。

这一次，朱晓晓早上8点就到了GAC的楼下，她想先参观一下自己未来工作的地方。这时候，她觉得自己已经是GAC的一员了，好像已经忘记今天自己是来面试的，最后能不能通过还不好说呢。

说她有点侥幸心理也罢，因为人的思维都是朝着好的方面想的。就比如说，人们会相信自己买彩票中500万，也不愿意相信自己会出车祸被撞死，尽管这两者的概率是一样的。

"大的公司就是不一样啊！"朱晓晓感叹道，不过这个时候，公司内部奢华的装修愈发让晓晓感到危机感，刚开始的那份欢喜逐渐退去之后，剩下的只有令人担忧的面试了。

况且自己没有大公司的面试经历，也不知道会遇到什么问题，朱晓晓突然害怕了起来。人世间最珍贵的可能就是"得不到"和"已失去"了吧？朱晓晓的心里突然就冒出这么一句话。但此时好像有另外一个声音在说："没关系的，没什么好担心的，只要照常发挥就可以了！"不过在朱晓晓看来，或许自己必须要具备某些条件上的与众不同才有可能得到评委的重视……

总之，这个时候她的感觉就像自己无厘头"诗"中所说的：

> 这一秒的期盼，
>
> 或许就是下一秒的胆怯；
>
> 这一秒的胆怯，
>
> 前一秒也一定在期待
>
> ……

时间偷偷地溜走，朱晓晓转了一大圈之后，准备去楼下等待面试。这时，她听到一些人边说话边朝这边走来。

"糟糕！"晓晓不知道要藏到哪里去，情急之下看到洗手间，就急忙躲了进去。

"为什么要害怕呢？"透过洗手间的镜子，朱晓晓问自己。

"自己又不是小偷，只是好奇而已嘛！"她在为自己寻找可以减少自己恐惧的借口。

然后，她看到镜子里的自己，猛然间想到前不久大学导师给自己上的一堂生动的课：

那是年前的一次同学聚会，也是为了联络一下感情，班里的几个同学组织了一下，邀请上大学时的导师一块吃了一顿饭。

那个时候自己也毕业才半年的时间，班里很多同学没有找到工作，也有一些同学因为所学的专业去了化工厂上班，不过总体来说，真正做自己喜欢的工作的人很少很少。不过，当时朱晓晓认为自己在同学之中已经算是非常不错了。

一个人来到美丽的西子湖畔，做着一份在自己当时看来有点钱又有点闲的工作，每天工作很轻松，朝九晚五，很准时地上下班。班里很多同学都羡慕自己。在那个时候，自己觉得幸福就是这样——你不一定生活得特别优越，但会有很多人羡慕你此时的状态，并且同时自己也能很惬意地享受这样的状态，就已经足够了。

饭后，同学们或嫉妒或羡慕地谈论着自己或者别人目前正做的工作。这个时候，导师说话了："同学们，静一静，趁着今天这个机会，我给你们上最后一节课，希望能够对你们今后的人生有所帮助。"

接着，老师说："你们已经通过了大学生活，进入社会已经半年多了，但可能遇到了很多问题，有的同学为没找到工作烦恼，有的同学为正在从事的工作烦恼，但不管怎样，同学们，"老师顿了一下，接着说，"你们一定要认清自己，知道自己想做什么，能做什么，应该做什么。"

老师又说："同学们，你们现在闭上眼睛，我给你们算一笔账，你们或许就会知道自己应该做什么了……"

接下来，老师又说，"其实这笔账是冰心先生80岁时候算的——

$80 \times 365 = 29000$；

$29000 \times 24 = 700800$；

700800 × 60 = 42048000；

42048000 × 60 = 2522880000。"

真不愧是数学老师，就连讲故事都少不了用一些数字举例。

"同学们，你们知道这最后一组数字代表的含义吗？"

"应该代表我们一生的时间。"一位同学说。

"没错，人的一生如果活八十岁，就由2522880000秒组成。你知道现在你已经在这十位数中提取了几位数吗？"老师问。

所有的同学都摇了摇头。

老师又接着说："今天来到这里的每一位同学，年龄最小的也有21岁了吧！所以，你们剩下的时间并不多，而你们要做的事却多得数也数不清……人生是需要认真经营的，为什么我们不认真地算一算人生这笔账呢？"

"所以同学们回去之后，都买一面大的镜子放到自己的房间，时不时照照自己，特别是睡觉前要一个人静静地审视自己，一天做了些什么。从镜子中照一下自己，看看是不是每天都可以进步一点点。最后，我也希望所有的同学能够知道自己下一秒的价值在哪里！"老师讲得很让人感动。

那顿饭之后，朱晓晓每当看到镜子都会想到这个故事，都会想到2522880000这十位数。

"加油，做自己想要的，你一定能行！"朱晓晓给自己打气。

完美团队成功记
Perfect Group

18　　朱晓晓VS沙子瑄

下楼的时候，朱晓晓突然间对自己充满了信心，刚才的彷徨似乎一下子消失了。或许，人就是这样子的吧，一旦受到些许刺激和激励，就会变得自信起来。

今天的面试是笔试，这是朱晓晓没有想到的。不仅是她，从周边面试的人惊嘘的声音中就可以看出来，所有人都不知道下一步考的是什么。

于是，很多人开始四处借纸和笔。

好在，一直以来，朱晓晓都有写随笔的好习惯，所以包中自然少不了这两样东西。这个时候，一个着装素雅的女孩子轻轻问她："你能借我一支笔吗？"

朱晓晓稍微打量了一下这个女孩，很快也很大方地从包中拿了一支出来，递给她。

"谢谢你，"女孩子说，"我叫沙子瑄。"

"不用谢，"晓晓回答，"我叫朱晓晓，很高兴能够认识你！"

"我也是。"女孩笑了笑。

这时候，又有几个女孩子向朱晓晓借笔。刚好晓晓这人有个爱好，见到喜欢的笔就买下来，每次包包里都装好几根，家里的床上、桌子上也都随意摆放很多自己从各地方淘来的各种特色的笔。

不过，今天把这么多有个性的笔借出去，晓晓还真的有些不舍，但谁让她朱晓晓是一个乐于助人的好孩子呢？

考试时间是一个半小时，不可以提前交卷，朱晓晓对于这点很不满意，因为她早早地写完了。粗略地检查了一遍，觉得没什么问题，就开始坐在那里发呆。

或许吧，助人必利己。因为在她看来这一次的考题都是没有标准答案的发散性问题——平常自己看的东西多了，这些难不倒自己。

有些时候，人是需要这点自信的，晓晓想。

"请各位将考卷一个一个往前传。"一个半小时的时间终于过去了，工作人员走进来说。

这时候，还可以看见有人在奋笔疾书，似乎想要多写一点，起码多得一点印象分；有的似乎满不在乎地将考卷递给前一个人，看起来一副胸有成竹的样子。总之，什么样的表情都有，真可谓是"几家欢乐几家愁"。

"明天我们会通知进入试用期的人员，请各位注意手机保持畅通。"工作人员说。

刚走到GAC大楼门口的时候，晓晓似乎听见有人在叫自己。

她扭头一看，原来是沙子瑄。

"我终于找到你了！"沙子瑄边喘气边说，"给你笔！"

"谢谢你！"沙子瑄说。

"不用谢！"朱晓晓说。

"中午我请你吃饭吧！"沙子瑄提议。

"不用了啦，一点小忙而已嘛！"朱晓晓说。

"我们一块吃吧！我知道这附近有一家很好吃的小店。"

"好啊！"朱晓晓答应着。"你是刚刚毕业吧？"沙子瑄问。

"是的。"朱晓晓说，"你呢？"

"我曾经在北京工作过一段时间。"沙子瑄说。

"北京也挺好的啊，怎么又跑到杭州来了呢？"朱晓晓问。

"我家是这边的啊！"沙子瑄说。

"你是杭州人啊！"朱晓晓说。

"是啊！你呢？"沙子瑄问。

"我从河南来……"朱晓晓用一首歌的曲调笑着唱了出来。

沙子瑄被她逗得笑了起来。

一路上，两个人聊了很多，尽管有四岁的年龄差距，可这两个刚认识的女孩就

像亲姐妹一样有说有笑地谈论个不停。

吃完饭之后，两个人还一块逛了街，一直玩到天黑才告别。

临分别的时候，沙子瑄说："希望我们两个人都能够成为GAC的一员！"

"一定会的！"朱晓晓坚定地说。

完美团队成功记
Perfect Group

19　酒与污水定律

再说考试过后，几位主考官开始审阅试卷。

这次的很多题目都是开放性的，有的是在考验应试者的应变水平。比如用怎样的方法能够将天上的五只小鸟全部抓住？

有的是考验应试者的创意理念，比如请用一种电视宣传形式宣告一种新的品种——"四腿鸡"进驻超市。

有的是考应试者的思维模式。比如为什么大多数的窨井盖是圆的而不是方的？

还有的是考验应聘者对于现今市场上流行广告的看法。比如拿一种洗发水广告作为参考，并讲出这则广告的优势和劣势。

总之，GAC对员工的考验向来都是非常严格，除了特殊岗位之外，一般来说只要是大规模招聘员工，应聘者你自己是没有选择哪个部门的权利的。只有在进入试用期后，会有一个月的培训考核期，公司高层会根据你在试用期的表现决定你究竟适合哪个岗位。

当然，这也是GAC一直以来的优点，因为在应聘者看来，很多时候对于一个岗位的热情，可能只是由于一种熟悉的依赖感，而并非是自己真正的强项。而GAC可以通过一系列科学的衡量标准以及系统的试用期培训安排真正适合员工发展的岗位。

"我建议这一次我们先留下40个人。"唐轩说，"然后给这些人一个月的试用

期，最后进行末位淘汰制，最终确定留下25个人。"

"为什么不直接留下25个人，这样子集中培训的话会更有针对性？"郑中华说，"如果留下来40个人的话，余下的15个人岂不是会给别人做了嫁衣？"

"我也觉得不要这么麻烦了，这些人本身都很优秀，若用一个月试用期的话不仅会给公司人力、财力上加重些许负担。同时也正像郑总说的，岂不给别人做了嫁衣？"祁邵阳也这样说。

"你们有听过'乔布斯法则'吗？"唐轩问道。

只见郑中华和孙志都摇了摇头，祁邵阳点了点头，又摇了摇头。

"乔布斯对于苹果公司人才的招聘非常重视，并把四分之一的时间都用在招募人才上。"唐轩接着说，"之前乔布斯认为，一名出色的员工能顶两名平庸的员工，后来经过多年的管理经验，他发现并且认定，一名出色的员工可以顶上50名平庸的员工！"

"有点夸张了吧？"孙志说。

"其实并不夸张。"唐轩说。

"大家都听过'近朱者赤，近墨者黑'这句话吧？"唐轩问。

三个人都点了点头。

于是唐轩说："现在我给你们讲一个'酒与污水'的例子，或许你们就明白了。"

"首先，我想请问一下各位，如果把一匙酒倒进一桶污水中，会得到什么？"唐轩问。

"当然是酒和污水的混合物了！"孙志自作聪明地说。

"应该还是一桶污水。"祁邵阳思考了一下说。

"很好。"唐轩又接着问，"如果把一匙污水倒进一桶酒中，你又会得到什么？"

"那么也是一桶污水喽！"孙志说。

"非常正确。"唐轩又接着说，"酒与污水定律是指如果把一匙酒倒进一桶污水中，你得到的是一桶污水；如果把一匙污水倒进一桶酒中，你得到的还是一桶污水。"

"这个跟'乔布斯法则'又有怎样的关系呢？"郑中华问。

"别急，听我慢慢说。"唐轩不紧不慢地说，"几乎在任何组织里，都存在几个难弄的人物，他们就像果箱里的烂苹果，如果你不及时处理，它会迅速传染，把果箱里其他苹果也弄烂，'烂苹果'的可怕之处在于它那惊人的破坏力。"

"嗯，有道理。"三人表示认同。

唐轩接着说："那么一个正直能干的人进入一个混乱的部门可能会被吞没，而一个无德无才者能很快将一个高效的部门变成一盘散沙。组织系统往往是脆弱的，是建立在相互理解、妥协和容忍的基础上的，它很容易被侵害、被毒化。破坏者能力非凡的另一个重要原因在于破坏总比建设容易一些。"

"再打个比方说，一个能工巧匠花费数日精心制作的陶瓷器，一头驴子一秒钟就能毁坏掉。这时候即便是拥有再多的能工巧匠，也不会有多少像样的工作成果。"

"那如果组织里有这样的一头驴子，应该怎么办呢？"孙志问。

"你应该马上把它清除掉。"祁邵阳说。

"当然，如果你无力这样做，你就应该把它拴起来！"郑中华也笑着说。

完美团队成功记
Perfect Group

20　　优势利用原则

"那么现在我们再来看'乔布斯法则',大家应该明白了为什么乔布斯对人才的认知会那样坚定了吧?"唐轩问。

"所以你的意思是说,我们第一步的选人非常重要——最好的不一定就是合适的,学历高、经验丰富的不一定就是企业的救世主,只有把合适的人放在合适的岗位才能发挥他的最大作用!"祁邵阳说。

"是的,简单地说就是'人才放错了地方就是垃圾'。"唐轩想了想,又说,"有学历不一定有文化,学历是教育局的事,文化是文化局的事,完全是两个部门的事情嘛!"当然,这句话是前几天在QQ上跟朱晓晓学来的。

"哈哈哈,这句话经典!"三人忍不住赞叹道。

"既然讲到这些了,我们不妨再多说一些,'木桶理论'大家应该都听说过吧?"唐轩问。

"是不是说一只水桶能装多少水取决于水桶中最短的一块木板,而不是最长的那块木板?"孙志问。

"是的,"唐轩说,"任何组织几乎都有一个共同的特点,即构成组织的各个部分往往是优劣不齐的,但劣势部分却往往决定着整个组织的水平。问题是劣势部分也是组织中一个有用的部分,你并不能够把它当成烂苹果扔掉。否则,你会一点儿水也装不了,可它却让你那些长的东西白长了!"

"怪不得有些人说劣势决定优势，劣势决定生死。"郑中华似乎恍然大悟。

"这就是市场竞争的残酷法则。"唐轩说，"水桶定律告诉我们，领导者要有忧患意识，如果你所领导的集体中存在着'一块最短的木板'，你一定要迅速将它做长补齐。否则，它带给你的损失可能是毁灭性的，更多时候，往往就是因为一件事没做好而毁了所有的努力。"

"但如果人人都去改正自己的缺点的话恐怕一辈子都改不完啊！"孙志说。

"你说得很对，'木桶理论'运用到组织当中是说短板决定可以装水的多少。但若是运用到个人身上，看待问题的角度就又发生了很大的变化。"唐轩说。

"怎么讲？"孙志问。

"一个人的成功往往取决于他优点的发挥，而不是缺点的改正。"唐轩说，"毕竟人无完人，每个人倘若拿自己一生的时间去修补自己的不足，恐怕到死都改不完。"

三人都表示同意。

"但若是此人更多地发挥自己的长处，说不定很快就会取得辉煌的成就！"唐轩说完，孙志就抢着说："就像陈景润，倘若他拿一辈子去弥补自己在语言上的不足，恐怕一辈子都不会有那样的成就，更不用说被称为'哥德巴赫猜想第一人'了！"

"你小子，知道的还蛮多的嘛！"唐轩开玩笑道。

"哪里哪里，"孙志谦虚地说，"小的不才，望各位多相扶持！"

就这样，在愉快的笑声中，四个人很快地评出书面表达的优秀人员，再加上第一次的面试分数，40个人很快就选了出来。

第二天，包括朱晓晓和沙子瑄在内的40个人皆被通知周一早上8点半，准时在GAC二楼会议室集合。

"大叔，谢谢您的引荐啊！"周日的晚上，朱晓晓终于看到唐轩上线了。

"我也只是给了你一个面试名额，机会还是你自己争取的。"唐轩说。

"为了感谢伯乐您慧眼识英雄，明天中午我请您吃饭怎样？"朱晓晓说。

"那就是说你是千里马了？"唐轩暗地里真觉得小姑娘挺聪明，夸别人的同时连带着把自己也给夸了。

"吃饭就不用了，小姑娘还是不要学社会上的腐败现象的好。"唐轩又说。

"那我连大叔长什么样子都不知道，这样子是不是有点忘恩负义了？"朱晓晓

说。

"呵呵，以后有的是机会见面的。"唐轩说。

"明天就要开始一份新的工作了，会不会害怕？"唐轩问。

"有什么好害怕的啊！"朱晓晓说。

"一个月试用期后，还要淘汰15个人呢，就不怕自己一个月都白做了吗？"唐轩试探着问。

"我一定会留下的！"朱晓晓想也没想就说。

"呵呵，"唐轩就欣赏这样自信的人，其实他也认为朱晓晓可以留下来。因为她除了学历背景之外，其他方面并不比"海龟"、专业人士逊色多少。

"今天就早点睡吧！明天还要上班呢！"唐轩说。

"习惯了哦！我现在还在写东西，待会儿还要听收音机的。"朱晓晓说。

"小姑娘还挺忙的呢！"唐轩笑道，"我先下了，再见。"

"887。"朱晓晓依旧用这个再见的方式作为结束。

　　曾经有一位教育学家这样感叹，说："一个标准的中国小孩在经历了九年义务教育、三年高中磨炼以及四年大学时光的培养之后，就基本上丧失了创新的能力！"尽管只是一句调侃的玩笑话，却揭示了中国素质教育需要正视和解决的问题。

　　既然教育的制度不能够改变，那么人力资源就应该通过合理的测试手法把合适的人放到合适的位置上去。当然，这话说起来容易做起来难。很多面试官在选拔人才的时候往往会陷入一种急于求成的思维误区：认为有经验的一定会比没有经验的更好培养一些。所以有的公司会有一个不成文的规定——没有经验者概不录用！

　　那么，有经验的人就真的比没有经验的人更能够胜任其岗位吗？我想答案应该不会那么绝对，这当然也应该根据岗位的标准进行适当的调整。

　　比如说，某些岗位需要极强的创新能力，那么就需要适当地引进一些思维活跃的、工作经验不是很丰富的新人了，他们不会因为过多的思维定式限制了创新的能力。

　　所以，人力资源作为企业当中人才中转的一个非常重要的枢纽，学会如何"择优录取"是很重要的，当然，这个词语中"优"有两层含义：第一层是指优秀的人才；第二层是指当事人优点的发挥，只有两者结合才会发挥人才最大的利用价值！

完美
Perfect
团队
成
Group
功
记

21　　蘑菇理论

"首先恭喜各位能够通过GAC的初试和复试，暂时成为GAC当中的一员。"唐轩说，"我先做个自我介绍。我叫唐轩，现任GAC华东区执行总经理，旁边这位是公司的人力资源总经理祁邵阳。接下来的三天里，我和祁总经理将对你们进行系统而又严格的培训，今天的培训从上午10点正式开始。10点之前先到三楼行政室，会有公司的孙总经理给你们发放饭卡、徽章等公司的必需物品。10点钟准时在二楼培训室集合，听清楚了没有？"

"听清楚了！"40个人的声音撞击在会议室的墙壁上，夹杂着回音显得洪亮而又激昂。

对于这样的表现，唐轩颇为满意地点了点头。

很快，10点钟到了，培训室里新员工已经坐得整整齐齐的了。

"GAC的精英们，大家上午好！"唐轩用在公司一贯以来激情的声音说道。

"上午好！"可以听到台下零零散散的声音很不整齐。

"首先，我来说一下培训期间你们要注意的事项：一般我都会用刚才的方式跟大家打招呼，这个时候你们就要说'好，很好，非常好！'，听明白没有？"唐轩说完，又说了一遍，"GAC的精英们，大家上午好！"

"好，很好，非常好！"相对于刚才零散的声音，这一次显得非常铿锵有力。

唐轩满意地笑了笑，接着说："接下来，就由祁邵阳总经理来给大家做第一天的精彩培训！大家掌声欢迎！"

于是，台下响起了热烈的掌声。

"大家好，我是祁邵阳。非常高兴能够对在座的所有精英进行第一天的培训。首先我给大家讲一个'蘑菇理论'。在我讲的过程当中，会有一些问题需要你们的参与，请知道答案或者有自己见解的同人站起来，先报上自己的姓名，再阐述你的观点，大家应该都听明白了吧？"

"听明白了！"

"那么首先我问一下各位，谁知道蘑菇生长在什么样的地方？"祁邵阳问。

台下一片寂静。

看到这样的情况，祁邵阳并不意外，几乎每一次的新员工培训都会出现这样的状况："既然没有人回答，那么我就先讲一个自己亲身经历的小故事吧！"

听到讲故事，台下才变得有些活跃了。

那还是我刚刚去美国上学的时候，自己还是一个腼腆的不怎么爱说话的学生。第一堂课，是我们的社会学导师——克莱德·路易斯给我们上的。

在讲课开始之前，他给我们每一个人发了一张硬纸卡片，接着让我们将卡片对折，然后写上自己的名字，放到自己桌子的右上角。

接着，他问我们："同学们，你们知道为什么我要求你们这样做吗？"

所有的同学都摇了摇头。

"同学们，"路易斯说，"你们从各个拥有不同文化的国家来这里求学，有着不尽相同的生活背景和对未来的憧憬。但是从今天开始，我希望你们有着相同的自信！"

"放在你们桌子右上角的名片，就可以充分展现你的自信！"路易斯微笑着说，"我希望，在以后的课堂上，每一位同学都能够勇敢地展现自己，在课堂上踊跃发言，因为只有这样，你才能做好真正的自己，你才能够挖掘自己内心深处最强大的力量！"

故事讲完了，祁邵阳稍微停顿了一下，然后接着问："听了这个故事，大家有何感想？是不是觉得自己也应该做一个积极发言的人呢？"

"是。"不过声音还不够响亮。

"从你们进入GAC的第一天开始，你们就应该为此而骄傲，在你们的心里，一

定要时刻铭记着一句话——只有想不到的，没有做不到的！"祁邵阳略微停顿了一下，声音顿时提高了很多问，"听清楚了没有？"

"听清楚了！"

看到台下的气氛活跃了不少，祁邵阳接着说："那现在我们重新回到开头所讲的'蘑菇理论'，有谁知道蘑菇一般生长在什么地方？"

"大家好，我叫朱晓晓，据我所知，蘑菇一般生长在阴暗的角落。因为得不到阳光，也没有肥料，所以一般都不会轻易被人们发现，只有长到足够高的时候才有可能开始被人关注。"朱晓晓第一个站起来说。

"说得非常好！"祁邵阳夸奖道，"我希望你们每一个人都像朱晓晓一样能够敢于站起来回答问题。"

"蘑菇理论是大多数组织对待初入门者、初学者的一种管理方法。"祁邵阳说，"对于你们来说，进入到一个新的环境，当上一段时间的'蘑菇'，可以消除你们不切实际的幻想，从而使你们更加接近现实、更实际、更理性地思考问题和处理问题。"

"那么，现在给大家5分钟的时间来讨论一下，'蘑菇理论'的利弊都有哪些？"其实，这个时候讨论的环节不仅增进了员工之间的感情，同时也锻炼了他们的思考能力。

5分钟很快就结束了。"现在有谁能够回答这个问题？"祁邵阳问。

这时候，一个女孩子自信地站了起来，说："大家好，我叫沙子瑄。我认为从传统的观念上讲，'蘑菇经历'是一件好事，它是人才蜕壳羽化前的一种磨炼，对人的意志和耐力的培养有促进作用。但用发展的眼光来看，'蘑菇理论'有着先天的不足：一是太慢，还没等它长高长大恐怕疯长的野草就已经把它盖住了，使它没有成长的机会；二是缺乏主动，有些本来基因较好的蘑菇，一钻出土就碰上了石头，因为得不到帮助，可能会胎死腹中。"

"分析得非常透彻。"祁邵阳称赞道，"同时我也告诉各位，培训期间各位的积极参与程度也是试用期的一项重要考核，所以请大家慎重考虑。"

"'蘑菇理论'只是今天培训的一个引子，希望大家明白，接下来的一个月将是你们的蘑菇成长期，谁能够表现优秀，度过这一段时间，才有可能成为GAC的正式一员！"祁邵阳说着，看了看表，"刚好11点半，今天上午我们的课就上到这里。下午1点半，还是这里培训，请各位不要迟到。"

22　胡萝卜、鸡蛋和咖啡豆

中午吃饭的时候，朱晓晓和沙子瑄坐在一起。

"子姐，你上午分析的那个'蘑菇理论'真是说得太好了！"晓晓忍不住夸赞道。

"你也非常不错啊！年纪这么小，就能第一个站起来回答问题。"沙子瑄说。

"不过我感觉我们的祁总经理好像很严厉的样子哦！"朱晓晓说。

"大的公司，制度完善，培训期当然严厉了！"沙子瑄笑了笑说。

"GAC就是不一样呢，中午饭都比外边好上几倍！我们都要加油哦，争取为GAC日后的发展做出贡献！"朱晓晓笑着说。

"你这个小鬼灵精，"沙子瑄笑了笑说，"赶快吃吧，别待会儿凉了。"

因为第一天上班，还没来得及给员工安排休息的地方。考虑到下午的积极性可能不高，祁邵阳决定，下午用实验的形式提高培训的效果和员工的积极参与程度。

"GAC的精英们，大家下午好！"祁邵阳大声地说。

"好，很好，非常好！"听到这样的反应，祁邵阳非常满意，正可谓"孺子可教也"，他想。

"今天下午呢，我们首先来做一个实验。"

听到做实验，台下的气氛瞬时活跃了起来。

当然同时也有人在犯嘀咕，培训就培训呗，又不是化工厂，做什么实验啊？

这时候沙子瑄也觉得奇怪，毕竟是广告公司，前期培训起码也要跟广告有关联啊，自己在国外上了这么久的学，也没遇到这么个锅锅盆盆的实验呀！

不过朱晓晓可没觉得稀奇，眼瞅着讲台上胡萝卜、鸡蛋的，她微微一笑，知道是跟自己之前看到的一个故事有关。不过那个时候，自己也只是看，没有真正地动手操作。

只见，祁邵阳拿起手中的三样东西，问道："有谁知道我手中拿的都是什么东西啊？"

这时候，台下一片乱哄哄的声音，有的人喊胡萝卜，有的人喊鸡蛋，有的人喊咖啡豆。显然，祁邵阳对于这样的回答并不满意。

他略微皱了皱眉头说："哪一位能够站起来说？"

"胡萝卜、鸡蛋和咖啡豆。"一个小伙子站起来说。

"非常好！"祁邵阳说，"不过还是要按照我们早上的规矩，在回答问题之前要先报上自己的名字。"

"我叫顾扬。"小伙子说。

祁邵阳微笑着点了一下头，接着说："接下来请各位注意了。"

只见他拿了三个透明的玻璃烧瓶，将里边装了一些水，放到垫了石棉网的酒精灯上，等待水烧开。

"请注意接下来容器中的变化。"祁邵阳边说边将胡萝卜、鸡蛋和咖啡豆分别放到三个容器中。

等了大约十分钟的样子，祁邵阳将酒精灯熄灭，将胡萝卜、鸡蛋分别取出来放到另外的容器中，问道："这个时候，你们看到了什么？"

"胡萝卜、鸡蛋和咖啡都被煮熟了。"顾扬又站起来说。

"嗯。"祁邵阳点了点头，问道，"那你知道这意味着什么吗？"

"这个嘛……"顾扬抓了抓脑袋，摇了摇头，"不知道。"

"有谁知道？"祁邵阳问道。

这时候，朱晓晓站了起来，说："这三样东西面临同样的环境——煮沸的开水，但其反应各不相同。胡萝卜入锅之前是强壮的、结实的，但进入开水之后，它变软了、变弱了；鸡蛋原来是易碎的，它只有薄薄的外壳保护着液体的内脏，但是经过开水一煮，它的内脏变硬了；而咖啡豆则很独特，进入沸水之后，它们倒改变了水，变成了香浓的咖啡。"

祁邵阳这时真的有些惊讶了，这个当初在确定名单时有争议的女孩，竟然解释得如此透彻，看来很多时候，人真的不可以以年龄论英雄啊！

"说得非常好！"祁邵阳毫不掩饰自己的赞赏。

"那么，请在座的各位想一想，自己究竟属于哪一种呢？"祁邵阳问道。接着他又说："你是看似强硬，但遭遇痛苦和逆境后畏缩了，变软弱了，失去了力量的胡萝卜？还是内心可塑，原本是个性情不定的人，但经过死亡、分手、离婚或失业，变得坚强，变得倔强了，就像因有了坚强的性格和内心而变得严厉强硬的鸡蛋？抑或，你就像是咖啡豆？不仅改变了给它带来痛苦的开水，并在它达到100度的高温时让它散发出最佳的香味，在水最烫的时候，它的味道却更好了？"

"想一想自己究竟属于哪一类人？问问自己在对付逆境的时候，你是胡萝卜，是鸡蛋，还是咖啡豆？"祁邵阳启发式的语言让台下陷入了思考。

这时候，坐在后排的唐轩也露出了笑脸。在他看来，这节课上得非常成功，不仅让员工积极地思考，同时给他们抛出了问题，今后在遇到问题的时候，自己将要做怎样的人——是改变环境，还是适应环境？

孙志也若有所思地点了点头，想想自己之前一个人忙着往前冲，根本没有时间思考这样或是那样的问题。如今看来，自己加入GAC这步棋，走得没错！

总之，一天的培训下来，很多员工都要比刚开始参加面试的时候自信得多。这种参与式、启发式的培训，也只有GAC才会做得这么到位。

完美
Perfect
团队
成
Group
功
记

23　第六罐可乐

第二天早上，40名试用期员工一早来到培训室，就看到培训室的桌子被分隔成20个小组，每个小组的桌子上放着10罐可乐、10个空可乐罐、6元硬币。

今天的培训又有什么新的花样？员工们顿时七嘴八舌地议论开来。

这时候，祁邵阳连同唐轩、孙志、郑中华一块来到了培训室。

今天的培训一定非常重要，看到这样的阵势，员工们都想。

"可能昨天的气氛有些紧张了，那么今天呢，我们就放松一下，先做一个小的游戏。"唐轩说。

今天的培训内容是唐轩一手策划的，想要通过分组游戏锻炼员工之间的团队合作能力。

"游戏马上就要开始了，你们已经被分为了20个小组，现在每个小组的两个人分别是游戏的甲方和乙方，"唐轩停顿了一下，接着说，"现在我来宣布一下游戏规则——每个小组的甲方作为买方拿6元钱，乙方作为商家拿10罐可乐，假设可乐2元1罐，两个空罐可以换1罐可乐，请问甲方最多能从乙方喝到几罐可乐？"

说完，唐轩做了一个开始的手势，说："好的，游戏现在可以开始了。"

不多久，就有个员工站了起来，说："我的游戏做完了，我可以喝到5罐。"

说完，还得意地笑了笑，这就是顾扬，一个自认为自己很聪明的男孩。

这时候，很多组的成员也都说自己可以喝到5罐。

朱晓晓拉了拉顾扬的衣角，示意让他坐下。然而，顾扬却没有反应。

唐轩笑了笑说："那么请你介绍一下自己做游戏的过程，好吗？"

"好的。"顾扬说，"我是和阿菜一组的，他扮演卖方，我扮演买方，我先用6元买了3罐可乐，暂且标号为1、2、3号，接着我把1号和2号喝掉，获得4号，然后再把3号和4号喝掉，用两个空罐获得5号，所以，我可以喝到5罐可乐。"

"还有没有其他答案的？"唐轩环视了一周，问道。

见台下没有反应，唐轩继续问顾扬："那么第5罐可乐你想要怎么处理它？"

"当然是喝掉它。"顾扬不假思索地说。

"那么喝掉之后，你还有什么？"唐轩启发式地问。

"那就只剩下1个空罐了。"顾扬说。

"那么，这时候空罐对于你来说有多大的价值呢？"唐轩继续问道。

"这个嘛，我就不知道了。"顾扬老实地说。

"老师，我们可以喝到6罐可乐。"朱晓晓站起来说。

只见这时候，所有人的目光都"唰唰唰"地朝向朱晓晓，又是这个爱显的女孩，看她有什么本事可以喝到第6罐可乐，有的人心里暗自地想。

"那你是怎么喝到第6罐可乐的呢？"唐轩笑容里流露出对这个女孩的赞赏。

"我想向顾扬借一个空罐子，换到第6罐可乐喝掉之后，再还给他一个空罐子，这样，我就可以喝到6罐可乐了。"朱晓晓说。

"那如果我不借给你呢？"顾扬坏坏地笑着说。

这时候，大半的员工都笑了起来。这里边的大部分员工，都已经有了几年的工作经验，所以对于"授之以渔"方面还是相当介意的。

"你……"朱晓晓显然不知道说什么了，只有满脸通红地站在那里，良久又憋出一句，"我还要还给你一个的嘛！"

这个时候，唐轩笑着说："朱晓晓说得很对，不过顾扬这个问题提得也非常好。你们当中不乏有人会有这样的想法，那么我想请在座的各位再仔细想一想，能不能在一个小组里也同样可以喝到第6罐可乐的呢？"

这时候，沙子瑄站了起来，说："唐总，作为卖方，我愿意借给朱晓晓一罐可乐，等她喝完第6罐可乐之后，再把空瓶子还给我就可以了。"

"简直太聪明了！"坐在后边的孙志忍不住站了起来。

"呵呵，"唐轩挥手示意他坐下，然后说，"沙子瑄同学表现得非常好！洛克

菲勒曾经说过一句话——在遇到困难和问题的时候，我们应该学会改变思路，思路一转变，原来那些难以解决的困难和问题，就会迎刃而解了。朱晓晓和沙子瑄这一组是非常明智的一组……"

唐轩话还没说完，就听见有人嘀咕："万一作为卖方我就是不愿意借给她，那么她不就是喝不到第6罐可乐了么？"

听到这话，唐轩朝他笑了笑，示意他站起来，问道："你叫什么名字？"

"我叫蔡新龙，"只见这个男孩子站起来说，"他们都叫我阿菜。"

"你是跟顾扬一组的，对吗？"唐轩问。

"是的。"蔡新龙说。

"其实你说的情况也是存在的，那现在我们就来分析一下，如果你不借给顾扬那罐可乐，他会得到什么；如果你愿意借给顾扬那罐可乐，你又会得到什么。"唐轩说着，在黑板上写下了如下一个表格：

两种情况	具体表现	蔡新龙收益	顾扬收益
第一种情况	如果蔡新龙不借给顾扬第6罐可乐	6元钱+4个空罐+1罐可乐	5罐可乐+1个空罐
第二种情况	如果蔡新龙借给顾扬第6罐可乐	6元钱+6个空罐	6罐可乐

"大家可以发现，如果蔡新龙借给顾扬那罐可乐，他们两个人都将实现利益的最大化：蔡新龙可以获得6元的销售额和6个空罐的回收，这6个空罐可以实现比4个空罐更大的收益，如果跟厂家换的话，最少也可以换到3罐的可乐；而顾扬也显然得到了最大的收益，他可以喝到6罐可乐，而不是5罐然后还有一个几近废弃的空罐。"唐轩指着表格上的内容给员工分析。

"那么，既然游戏也是生活的一种体现，在买卖双方都可以获利的情况下，又有谁会不愿意因为一个善意的举动而实现双方利益的最大化呢？"唐轩微笑着反问。

"今天这个游戏就是说，如果你愿意把自己手中的空罐拿出来，与周围小组或者是你的同行业竞争对手合作，与对方的空罐充分地整合利用，你会得到比预期的还要多。"唐轩总结道。

完美团队成功记
Perfect Group

24　天堂和地狱的故事

接着他又说："接下来，我再给大家讲一个故事，你们或许就会豁然开朗了。"

很久之前，有一个叫汤姆的人，一直以来都对上帝不满，他觉得上帝太残忍，本来人活着的时候就被分成三六九等，死了以后，上帝还要把人送进天堂或地狱。于是决定找上帝谈谈，让上帝废除这项规定，以免一些人死后还要受折磨。

终于有一天，上帝被汤姆的善心所感动，就带汤姆来到了地狱。

只见地狱里有一口大锅，里面煮着各种美味。所有的人都正在争夺一把长勺，这个长勺把很长，所以食物不容易放进口中。一个人还来不及将勺中食物送进口中，另一个人就疯狂地扑过来，抢过勺子。但是这个人也没办法吃到食物，因为，当他还没有将食物送进口中，第三个人又扑了过来……就这样，每个人都变得饥饿难耐，面目狰狞。他们相互厮杀，相互诅咒。

紧接着，上帝又带着汤姆来到了天堂。

和地狱一样的是，桌子上也有一口煮着各种美味的大锅和一个长把勺子；和地狱不同的是，天堂里的人用长把勺子盛起食物，并不是往自己嘴里送，而是送到同伴的嘴里，同伴吃到食物后，会很快用勺子盛起食物回馈给帮助自己的人，并再和其他同伴分享。就这样，他们共同品尝美味，相互感激，相互祝福，生活

得非常愉快。

故事讲完了，唐轩看着台下的员工，意味深长地问道："听了这个故事，你们有什么感受？"

"其实天堂和地狱不是上帝造成的，而是在那里的人们自己营造的。"蔡新龙站起来，有点不好意思地说。

"很好。"唐轩夸奖道，"天堂里的人过得其乐融融，就是深谙'舍'和'得'之法；地狱里怨声漫天，叫苦不迭，则是狭隘的自我心理所致。GAC能够发展到今天，在国内广告行业甚至全球广告行业占有一席之地，就是因为与行业内部，特别是竞争对手的良性竞争和彼此合作。所以，作为GAC的一员，你们彼此之间也应该相互协助，共同进步！"

说完，台下响起一阵热烈的掌声。

最后，唐轩总结道："一个非常简单的游戏，却蕴藏了让人不断思考和深究的智慧，让我们发现自己原来认为正确的很多东西都可以被打破——只要你能够最大限度地整合手中的资源，只要你能够站在对方的角度去帮助别人，而不是只想到个人利益，你就会有意想不到的收获！"

这次培训非常成功，员工们似乎对GAC的积极性更高了，因为在这里，不仅能教会你做事的能力，更多的时候还教会了你做人的原则。

下午回家的时候，朱晓晓跟沙子瑄一块儿走着，突然有一个人拍了她脑袋一下："嘿，朱——笑——笑。"顾扬故意拖长声音说。

朱晓晓生气地瞪了他一眼，说："你怎么这样啊？"

"你怎么这样啊？"顾扬学着朱晓晓的样子，又有点阴阳怪气地问道，"我究竟怎么了啊？"

"一点都不会尊重人。"沙子瑄抢先说。

"嘿，我跟她说话关你什么事！"顾扬有点生气地表露出些许的小痞子语气。

"走了，别搭理他。"晓晓拉着沙子瑄往前走。

"别不理人啊，开个玩笑啦，你们今天表现很好啊，哥请你们吃饭！"顾扬说。

只见沙子瑄和朱晓晓连头也不回，顾扬有些失望地拍着蔡新龙的肩膀说："唉，兄弟，咱还是走吧。为了感谢你让我喝到第6罐可乐，哥请你吃饭。"

"你拉倒吧你！"蔡新龙没有恶意地拍了一下顾扬，"你这哥说得也忒有点寒寞了吧！哈哈！"

这个顾扬也是杭州人，家里非常有钱，所以很小的时候就被送到加拿大去读书，直到硕士毕业才回来，别看他嘴上有点油腔滑调的样子，其实还是一个上进青年。无非就是潜移默化地沾染了一些国外的思想，平时会故意耍些小痞子的腔调，但并没有任何的恶意，也许所谓的"纨绔子弟"都有这方面的通病吧！

完美团队成功记
Perfect Group

25   另类的开场

培训已经过去两天了，这两天的时间里，尽管已经学到了很多的东西，但很多被培训者还是有点摸不着头脑。既然GAC是广告公司，那就应该以设计理念为主，做人道理固然重要，团队合作当然也要重视，但公司要发展靠的还是一批卓越的创意团队。可是，已经两天了，GAC丝毫没有关于广告方面的理念培训，难道是对于这批员工的经验背景或是设计水平有足够的信心？

但疑问归疑问，第三天的早上，40名试用者还是照旧早早地坐在了培训室，他们心里都想知道，第三天的培训究竟又会有怎样的新意。

这一天，给他们做培训的是集团公司的设计总监郑中华先生，此人在广告界也是响当当的人物，曾经在美国知名广告人JACK身边做首席助理，后因为JACK注资GAC，也就来到GAC中国公司。

这一次，公司派他来杭州也是因为想要通过他的关系拓宽在国际上的广告业务。另外，这次公司想要从速食主义的发展模式向国际领域进军也是他首先提出来的。

只见他走上讲台，用比较诙谐的语言问道："各位创意无限的伙伴，你们早上吃饱了吗？"

"好，很好……"台下有些人仍旧按照之前的方式回答，之后就是一阵哄堂大笑。

接着，又有人喊道："没吃，肚子还饿着呢！"

有人也跟着热闹："早上要吃好，肯德基里边吃汉堡！"

尽管气氛有些乱，但他却丝毫不介意，毕竟，做创意就需要大胆的想象和创新的作为。

于是，他摆了摆手，示意大家停下来。

"听了刚才我对大家的问候，有没有发现跟前两天有什么不同？"

"你说的是'吃饱了吗'，而其他领导问的是'早上好吗'"顾扬站起来说。

"很对，"郑中华点点头，又说，"那么大家知道我为什么这么问吗？"

这时候，台下一片安静，所有的人都不知道为什么。

只听蔡新龙小声地说了一句："你怕我们吃不饱没力气听课呗！"尽管声音很小，但还是被突然间的安静给出卖了，蔡新龙尴尬得脸立马红了。

"呵呵，"郑中华笑了笑说，"或许大家对我还不太了解，在我的课堂上你们可以尽可能地发挥自己的想象，很多话只有讲出来，才有可能激发你的思考，才会让你的大脑不断地产生与众不同的新意。"

听到这话，台下的气氛明显放松了很多。

接着，郑中华又说："但凡古今中外那些知名的或是不知名的成功广告案例，我们都可以发现一条比较明显的痕迹，那就是'艺术地销售'。在这里，'销售'是基础，'艺术'是手段和专业水准。

那么，要想让客户或者观众对你的广告认可，就必须具备'销售力'，这也是所有广告泰斗反复强调的一条铁的定律。但是，现在有些广告人做出来的广告，尽管画面极尽唯美，个个镜头都貌似天堂和仙境，可惜文案不像文案，既不像散文也不像是诗——这样的广告所营造出来的意境，那绝对是比乌托邦还乌托邦。然而，最可怕的是，不管哪个产品领域、哪个发展阶段，非常多的广告人试图套用这个模式。

所以，广告行业在中国还处在发展阶段，我们怎样才能像国外一样，通过艺术性的销售，而不是以自以为是的唯美画面或者一遍又一遍索然无味的广告语宣传，在中国做出越来越多'艺术地销售'的广告呢？那就需要在座的GAC的未来精英们绝对的创意和大胆的设计了。"

郑中华又接着说："美国广告学教授詹姆斯·扬说过'创意不仅是靠灵感而发生的，纵使有了灵感，也是由于思考而获得的结果。'那么，今天我就首先给大家讲一个小故事，让大家感受一下创意的力量、广告的力量。"

听到讲故事，台下更加活跃了起来。三天以来，GAC给人的感觉一直是轻松、活泼，况且郑总刚才也说了，在他的课堂上，可以随心所欲地发表自己的言论。

完美团队成功记

Perfect Group

26　一个MBA为叫花子做的策划

"这是一个关于MBA和一个叫花子的故事。"郑中华停顿了一下,说:

故事的主人公王伟是一个广告学MBA,毕业之后自已做了一个创意工作室,半年以来,生意一直做得红红火火。

时间一长,就会招来同行的妒忌。有一天,一个竞争对手想了一个策略,花500元请了一个叫花子,让他到王伟的创意工作室请对方给他做策划,想要借机习难一下王伟。

这不,刚一上班,一位衣冠不整、蓬头垢面的老哥就堵上门来。

"您有什么事吗?"王伟问道。

"您是王经理吧,我想请您帮我策划策划。"

"您是做什么的呢?"王伟有礼貌地问。

"说来惭愧,我以前也是个老板,做生意赔了,房子也抵了,老婆也跑了,干老板多年,除了有点脾气,什么本事也没有,现在只好乞讨为生。不过现在乞讨这个行业,门槛太低,竞争太激烈。想让您帮我出出主意,提高一下我的乞讨业绩……"只见这个叫花子可怜兮兮地说。

"你都混成叫花子了,还讲究什么业绩。"王伟善意地讽刺他。

"人即使再落魄,也得精益求精,追求卓越吧?"叫花子摆出一副有骨气的样子说。

"那好吧，就冲你这精神，我也接你这活了。"王伟叹了口气说。

那人很高兴，便说："我现在没钱付给您咨询费，等我挣了钱，再给您，好不好？"

然后叫花子没等王伟同意，就赶紧说："您看我现在应该怎么办？"

王伟思考了一下，说："依我看，您想要在乞讨业有所建树，就得先有个品牌。请问您贵姓？"

"姓李。"叫花子回答。

"叫花李，你看这个名字还可以吧？"王伟问他。

"不错不错，挺好听。"叫花李赶紧附和着。

接着王伟又问："那么你有没有固定经营场所，也就是说你有没有固定乞讨的地方？"

"有啊！"叫花李乐呵呵地答道，接着又说，"我一般上午在人民广场，那儿人多。上午站累了，下午我就去散散步，顺便捡捡破烂。我们干乞讨这行当的，虽然被人瞧不起，但也属于自由职业者。"

"叫花李，我给你一个建议，你一定要走专业化道路，不要又乞讨又捡破烂。现在你只有把你的乞讨这个主业做大做强之后，才能多元化经营，知道吗？况且，又干这个，又干那个，从企业经营角度讲，品牌也不够集中啊！"王伟说。

"是，是，我以前就是这样被搞死的。"叫花李赶紧说。

"那你呢，以后每天就在人民广场守着，手里拿个碗，碗里先放上个块八毛的。在你面前，立个牌子，上面写上'叫花李'。这样你就与其他乞讨人员不一样了，你已经拥有了自己的品牌。"

王伟喝了口水，接着说："有了自己的品牌，这还不够。这时候你必须还要在乞讨方式上与竞争者区别开来。"

"那应该怎样区别开来呢？"叫花李问。

"你必须差异化经营。让别人觉得你有个性、有特色，就是和别人不同。"王伟答道。

接着又说："另外，以后不管什么人给你钱，你只许收人家五毛。并且还要像过去一样，面对熙熙攘攘的人流，拿个碗，伸向人群，嘴里做着广告：行行好吧！行行好吧！这时候可能会有很多人连看你一眼都不看，躲着就过去了。但你千万别泄气，这也是正常现象，不要奢望把所有的人都变成你的客户。记住了，即便是乞丐也只为一部分人服务，要找到自己真正的目标客户群。

不管怎么样，肯定会有人朝你碗里扔个块八毛的，这时候，你一定要看清楚是多少钱，如果是五毛，就对人家说声谢谢。如果比五毛多，例如一块，你也不要见钱眼开，一定要赶紧把人家叫住，对人家说：'谢谢，我这里只收五毛。'然后，再找给人家五毛。

如果人家给的不足五毛，比如两毛，你把人家叫住，对人家说：'谢谢您的好意，我这里消费就是五毛，这两毛您还是拿回去吧。'"

叫花李有点不明白了，说："啊？照您这样策划，人家给一块，找回五毛，人家给两毛还不要，我岂不赚得更少了？不行不行。"

"老李，不，叫花李，你听我说，"王伟解释道，"你要想在乞讨业有所突破，就必须按我的话去做，刚开始是有点损失，但你已经和其他乞讨者不同了。你想一想，当你找五毛钱给人的时候，那人是什么感觉？估计那人手里拿着那五毛钱，站在那还得愣一会，心想，怎么回事，要钱的还带找钱的？你相信不相信，回家他就把这事给宣扬出去，说不定他还会跟亲戚朋友说，人民广场有个叫花子，我给了他一块，他还找我五毛。"

"那个给你两毛的家伙就更惊诧了，估计当时他就得跟你翻脸：'什么，你有没有搞错，你这还有最低消费？我问问你，你还是叫花子吗？'回去，他也要为你宣传，今儿个我可遇见一件怪事，人民广场有个要饭的，有个性，我给他两毛，他还不收，告诉我只收五毛。这些人都是在免费为你宣传，免费为你做口碑广告。你想想，这样一来，你的知名度增加了，无形资产就增加了，现在这个年代，是注意力经济年代。只要你聚集了人气，就不愁不来钱。"王伟说罢，喝了一口水。

"真的吗？"叫花李有些疑惑，接着就说，"那我就去试试！"

过了两个星期，叫花李也没有再来，王伟心里一直想知道策划的效果，于是便来到人民广场找叫花李。

一进广场，老远就看到在广场一角围了一群人，挤进去一看，中间果真是叫花李。在他面前，立着一个牌子，上书：著名职业乞讨师——叫花李。旁还放着一张无家可归人员登记证。这时候，叫花李正忙着收钱、找钱。

人群中有位中年妇女说："嘿，我们家那位回来跟我一说，我还不相信，天

底下还有这样的叫花子，只收五毛，多了还不要！到这儿来一看，还真是，您看人家这个乞讨，还真够职业。"

旁边一个小伙子也气不过了："我还不相信，有人会见钱不眼开。"说着，走上前去，拿出一张一百元的大票来，递给叫花李，说，"看你也挺辛苦的，别找了。"叫花李忙把他拉住，一边数出一堆毛票来塞给他，一边说："谢谢大哥的好意，您也不容易，我就收您五毛，多了不收，欢迎您下次再来。"

围观的人看到这场景，竟然鼓起掌来。王伟看到这里，觉得很满意，也没和叫花李打招呼，便从人群中钻了出来。

过了两三天，一个雨天，叫花李来了。

"王经理啊，多谢您的策划，现在我的乞讨事业蒸蒸日上，要不是下雨，我都抽不出空过来看您。"叫花李边说边把一大兜的高档水果放在桌子上。

"老李，别客气，主要还是你自身的素质好，"王伟笑着说，"本身你就长了一个适合乞讨的脸，再加上经历了这么多风雨，满脸都是沧桑，稍微有点同情心的人就想给你施舍点的。"

"王经理，您说也怪了，那几个和我一同在人民广场乞讨的，长得比我更惨，可他们一天却要不来几个钱。"叫花李说。

"这你就不懂了，麦当劳的老板曾经说过——不要以为麦当劳是经营快餐的，其实麦当劳是经营房地产的，通过做餐饮，把一个个好地方都给占了。你也一样——不要以为你是经营乞讨业的，其实你是经营娱乐业的。因为你在乞讨的同时，不仅给大家带来新奇，同时也带来快乐。"

"真的？没想到我的工作这么崇高。"叫花李瞬间自我感觉良好地说。

"你是赶上好时候了，要是二十年前，物质还十分缺乏，大家挣的钱只够吃饭，你要钱即使要出花来，也没人理你。可现在不同了，虽然物质生活是丰富了，可人们精神生活越来越空虚，总想寻求刺激。如果听说哪有个三条腿的蛤蟆，都要开车几十公里去看看。你要知道，大家给你钱，不是因为你值得同情，而是因为你这个行为比较有趣。"王伟说。

叫花李听得直点头，说道："我有点明白了，您是说很多人吃饱了没事，总想看个新鲜事，我要钱的方式比较奇特，所以就把大家吸引来了？"

"对的，"王伟见有人能听明白，就说得更来劲了，"现在是眼球经济、注意力经济，谁有个性，谁有特色，谁能吸引大家的目光，谁就能把哗哗的人民币吸引来。很多时候，简单的现象其实背后都蕴藏着深刻的道理！"

"好，那我回去继续搞我的眼球经济，娱乐产业。"说罢，叫花李高高兴兴地回去了。

又过了两三天，王伟正坐在办公室里，突然手机响了。看了一下，是一个陌生的号码，于是他按了一下接听键，说："你好！"

手机里传来一个有些熟悉的声音："王总啊！我是叫花李啊！"

"啊？你都买上手机了。"王伟有些意外。

"信息时代嘛，我找您有要紧的事，这两天，有一个小报的记者要采访我，我该怎么说呀？"叫花李问道。

"这是一个好机会，一定要抓住。"王伟喘口气接着说，"你这回一定不要就事论事，记得要拔高自己，把自己的认识上升到一定高度。

比如你可以这么说，虽然我干的只是低贱的乞讨业，但也要坚守行业准则，既不能私抬物价哄骗消费者，又不能胡乱降价陷入恶性竞争……"

……

过了几天，王伟就在当地的一个地方性小报看到了那篇报道，题目是《一个具有职业道德的叫花子》。他看完之后，心想：这个叫花李，现在已经出名了，我应该找他收点策划费了。

于是王伟就来到人民广场去找他，老远就看到广场一角围了很多人，比上回人更多了。他走上前去，挤进去一看，虽然地上放的牌子还是叫花李，可已经换了一个人，

"叫花李呢？"王伟问那个人。

"你问我老板啊？你去百货大楼门口找他吧。"那人回答道。

"他去那儿干吗？"王伟疑惑地问。

"他说要在百货大楼门口开个分店。我是他雇来的，在这看着老店……"那个人边收钱边说……

故事讲完了，郑中华看台下的员工都听得非常认真，就问道："从这个故事当中，你们能够悟到什么？故事的主人公使用怎样的方式把一个本来比较极端的案例处理得如此之好？"

台下所有的人似乎都在思考。

"这应该体现了广告创意的独创性原则和广告创意的实效性原则吧？"沙子瑄站起来说。

"接着说。"郑中华微笑着说。

"所谓独创性原则是指广告创意不能因循守旧、墨守成规，而要勇于、善于标新立异、独辟蹊径，故事中的策划人王伟显然就利用了这一点。而这种与众不同的新奇感又会触发人们强烈的兴趣，从而产生广告效益。"沙子瑄想了想，又接着说，"而广告创意的实效性原则，又要通过理解性和相关性让广大群众所接受，'叫花李'在自己收益提高的时候，又采用连锁的方式继续扩大自己的势力范围，从而扩大了广告的影响力。"

果然是一个上进好学的姑娘，在美国学到的知识，一时间沙子瑄运用得淋漓尽致。

"说得非常好！"郑中华称赞道，"其实，我们每个人都是消费者，都有一颗平常的心。如果我们能够在接受一份广告任务的时候，想一下自己如何能够得到产品信息，会通过怎样的方式选购这些商品，就能做好广告了。"

接着，郑中华又总结了广告策划的大致步骤：

首先，你想对谁说什么？（也就是你的目标消费者，即有可能购买你的产品的人）

其次，你想对他们说什么？（广告内容实际是消费者所需要的，而并不是你所推销的）

第三，你要如何说，他们才明白？（一定要注意表达方式的运用，因为不同层次的人文化水平不同，接受能力不同）

第四，你要选择用什么渠道说，他们才知道？（选择媒体时也要注意，消费者并不是集体在一起让你去主动说服的）

第五，你要用多少力量才能说服他们？（消费者不是你一次就可以说服的，并且遗忘性非常强，这就需要广告播放重复性的科学化设计）

第六，你要不断评估你的广告效果，并且同时对自己的创意进行好的鼓励和差的改进。

最后，他非常坚定地对台下的员工说："我相信，如果你们能够按照以上的原则去做，一定会成为GAC的精英，一定能够在广告界大有作为！"

台下响起了雷鸣般的掌声……

就这样，三天的培训很快就结束了。之后，40个人被分配到各个岗位轮流实习。

GAC还有一个与其他公司不同的地方，就是在试用期的一个月内不会轻易给你定位去哪个部门。所以，一个月的时间，所有的试用期员工都可以尽自己所能地在各部门间发挥自己的优势。

······

转眼间，一个月过去了，这个时候，又是几个高层最头痛的时候，因为这一个月以来，大部分员工都表现得非常好，选择让谁离开都有些于心不忍。

但这个社会就是这样，永远会有竞争和压力，只要你做得不是最好，随时都会有被淘汰的可能。

　　以个人的成长带动团队的成长，用个人的创新意识激发团队新的思维理念是企业在任何时候都不容忽视的关键问题。

　　想一想你的公司，在每一次人员招聘之后究竟有没有进行系统的企业文化培训以及个人职业生涯规划？还是只是简单地对新进员工照章宣读一些公司条例之后就任其自生自灭？倘若是后者的话就不要抱怨找不到合适的人才，也不要抱怨人才流动得过于频繁！

　　再好的人才，如果不进行系统的前瞻知识性培训，也一定会沦为没有激情的普通员工，甚至最终会遭遇"人裁"的命运！

　　在入职培训的过程中，心态的调整、方向的指明、团队协调性的培养以及团队创新能力的塑造等等都缺一不可。俗话说形式比内容更重要，很多企业都只是知道话朝哪个方向说，却不清楚用怎样的方式去让员工理解。有的时候为了节省成本，偷工减料地做一些形式上的幌子，表面上看形式是到位了，但长此以往，谁能够保证企业内部各部门之间不会出现协调性的障碍？

　　所以，企业在进行员工培训的时候一定要把握系统性、前瞻性以及创新性三个原则，这样一来对于新进员工的培训也就不那么手忙脚乱，长此以往也就能运用得得心应手了。

完美团队成功记
Perfect Group

27　识别人才的12把标尺

　　这天下午，唐轩、孙志、祁邵阳、郑中华四人相聚在"随你吧"，共同商讨员工的去留问题。

　　"这一个月过得可真快啊！"孙志说。

　　"是呀！"郑中华也说，"我觉得好像昨天自己还在做培训。"

　　"今天我们的决定非常关键，我希望各位根据这40名员工一个月的表现，本着公平、公正的态度，做出最真实的评价和选择。"唐轩说。

　　"不过，似乎还真有点难。这一个月以来，很多员工表现得都相当不错，仅仅从工作态度和积极性上来看，我们也实在难以定夺啊！"作为公司的人力资源总经理，一向严肃的祁邵阳竟然也发出这样的感叹！

　　"呵呵，"唐轩笑道，"这也是很正常的，一直以来GAC的大规模招聘都会遇到这样的问题。所以，为了公平起见，每一次的这个时候都会用一套标尺来衡量员工的表现。"

　　"怎样的标尺呢？"孙志问道。

　　"就是识别人才的12把标尺。"祁邵阳说道。

　　"12把标尺？"郑中华也有些疑惑，"我在GAC待的时间也不久了，怎么不知道还有这么一些神奇的尺子？"

　　"你是做设计的，当然不会很清楚人力资源方面的事情了。"祁邵阳说。

"那好，现在，大家就边听我说，边一步步把员工分到不同的类别范围内。"唐轩说着，分给每个人两张纸。

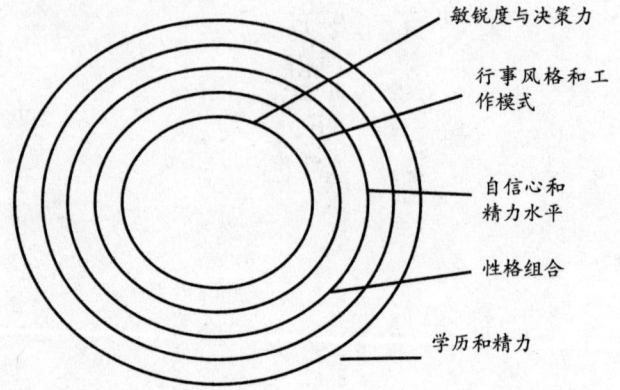

敏锐度与决策力

行事风格和工作模式

自信心和精力水平

性格组合

学历和精力

"首先，慧眼识英才的12把标尺包括由表及里的五个圈层。"唐轩边说边在纸上画了一个圆，"最外层是学历和经历，这个从简历上就直接可以清楚了；

里面一层是性格组合，一般我们分为五种不同性格的员工，分别是老虎型、孔雀型、考拉型、猫头鹰型和变色龙型的；

再里面一层是自信心和精力水平，这个根据在面试环节和培训期间的表现我们也可以评判出来；

再往里一层是行事风格和工作模式，一般包括其现场爆发力、策略规划力和支持执行力；

最里面一层是员工的敏锐度和决策力。

一般来说，外面一层我们称为员工的显性能力，而里面四层都称之为隐性能力。

这样我们就可以一层一层地评判哪一个员工符合我们的标准，一般来说都是相当准确的。"

"可我还是不太明白每一个员工是符合哪一种性格组合啊？"孙志问。

"别急，听我慢慢道来。"唐轩说。

"首先来说一下老虎型人的表现形式，一般来说这类人往往目标明确，作风强势，喜欢掌控局面，对待工作也非常专注，所以做事情之前不会太张扬。如果一个方式不成功，他会立即考虑另一种方式，而且目标明确，但是比较个人主义，属于开拓市场的类型。这种人不喜欢被人控制，具有比较强的独立性，只有认同目标和上司，才会团队合作。他们不害怕冲突，甚至认为冲突是一种解决问题的方式，容易功高震主，喜欢物质性的奖励。"

"这种人好像不是很多啊。"孙志说。

"那是当然了，一般这类人可都是企业的领导核心人物呢！"祁邵阳说。

"这个怎么讲？"郑中华问。

祁邵阳说："通常来说老虎型的人不太关注细节，但只要细节和目标有关，他们就会非常关注细节。另外这种人还具备高支配型特质，竞争力强、好胜心盛、积极自信，是个有决断力的组织者；同时胸怀大志、勇于冒险、分析敏锐、主动积极且具有强烈的企图心，只要认定目标就勇往直前。

所以，老虎型的人作为企业的领导者，都倾向以权威作风来进行决策，当其部属者除要高度服从外，也要有冒险犯难的勇气。"

"那是不是就是说这类人比较适合开创性与改革性的工作，在开拓市场的时代或需要执行改革的环境中，就会比较容易有出色的表现？"郑中华恍然大悟。

"是的。"祁邵阳说。

"那我，应该也算是老虎型的一类人了……"孙志边转着手中的笔边说。

"哈哈哈，曾经有创业经历，也算是！"唐轩笑道，"要么，关董也不会把你小子给挖过来啊！"

听到唐轩的称赞，孙志心里美滋滋的，想要表现一把，赶紧说："那么孔雀见人开屏，运用到企业当中是不是形容比较爱表现的一类人呢？"

"是的。"唐轩说，"孔雀型的人具有高度的表达能力，所以他们的社交能力非常强。因为拥有流畅无碍的口才和热情幽默的风度，所以在团体或社群中容易广结善缘、建立知名度。"

三个人都点了点头。

唐轩接着说："孔雀型人由于天生具备乐观与和善的性格，有真诚的同情心和感染他人的能力，所以在以团队合作为主的工作环境中，会有最好的表现。如果孔雀型人作为领导人的话，在任何团体内，都会是人缘最好的人和最受欢迎的人，也是最能吹起领导号角的人物。"

"那么这类人，能不能当老虎型人的最佳拍档呢？"孙志问。

"一般来说，孔雀型人当企业领导的话，不宜有个老虎型领导人当二把手或部属。因为，当孔雀型领导人的部属者，除要乐于在团队中工作外，还要对其领导谦逊

得体，不露锋芒、不出头，把一切成功光环都让与领导。反之，如果老虎型领导人有个孔雀型的人甘愿当其二把手，则会是最佳搭配。"唐轩解释说，"孔雀型的人天生具有鼓吹理想的特质，所以在推动新思维、执行某种新使命或推广某项宣传等任务的工作中，都会有极出色的表现。另外，他们在开发市场或创建产业的工作环境中，也最能发挥其所长。"

"那么据我看来，考拉一般在人们心中都属于比较傻傻的、笨笨的印象，所以是不是比较有耐心，适合从事比较烦琐的工作呢？"孙志问。

"是的，考拉型的人具有高度的耐心，所以显得敦厚随和，行事冷静自持；同时他们的生活也讲求规律，面对困境，都能泰然自若。

"考拉型的人，适宜从事安定内部的管理工作，特别是在需要专业精密技巧的领域，或在气氛和谐的职场环境中，他们最能发挥所长。

"所以，当企业的产品稳居市场时，考拉型的人会是企业极佳的总舵手。但当企业还在开拓市场的时候，老虎型或孔雀型的人相对会比较占优势，这个时候，如果配以与人为善的考拉型的人当二把手则是非常好的搭配。"唐轩说。

"那是不是说考拉型的人就不适合当企业的领导者了？"郑中华问。

"这个当然不是，"唐轩笑着说，"相反，因为考拉型的人强调无为而治，能与周围的人和睦相处而不树敌，所以可以是个极佳的人事领导者。通常适宜在企业改革后，为公司和员工重建互信的工作，同时又由于他们具有高度的耐心，所以有能力为企业赚取长远的利益，为公司打好永续经营的基础。"

"原来哪种人都能够成为国家的栋梁啊！"孙志感慨道。

"那是当然了！"唐轩说。

"这五种类型性格的人没有绝对的高下之分，每一种性格类型的人都可能成为非常杰出的人才。不过后天的修炼也同样重要，而且不同环境对不同的性格特质要求也不一样。

"举个简单的例子来说吧！同样是销售一件东西，老虎型性格的人会卖功能，孔雀型性格的人卖情感，考拉型性格的人则会卖服务。"

这时候，唐轩的电话响了。

"我先接个电话，"唐轩说，"你们继续聊。"

"那猫头鹰类型的人呢？"孙志问道。

这时候，祁邵阳说："猫头鹰型的人具有高度精确的能力，他们行事风格重规则轻情感，事事以规则为准绳，并以之为主导思想。

"另外他们性格内敛，善于以数字或规则为表达工具而不大擅长以语言来沟通情感或向同事和部属等做指示。

"不过他们行事讲究条理分明、守纪律重承诺，是个完美主义者。

"由于猫头鹰型的人行事讲究制度化，事事求依据和规律，喜欢在安全架构的环境中工作，所以在架构稳定和制度健全的组织最好聘用猫头鹰型的人，这个时候他们表现也会最好。然而，当企业需要进行目标重整、结构重组、流程变革时，猫头鹰型的人就会迷失方向，不知如何办事，也不知如何自处。"

"那么从猫头鹰型的人的行事风格来看，主要是以数据和规则为主导思想，其直觉能力和应变能力相对都偏低，进而创造和创新能力也相对较弱，所以他们应该不适合从事需要创意或创新能力的工作了吧？"郑中华说。

"是的，因为猫头鹰型的人尊重传统、重视架构、喜爱工作安定的性格，所以是企业安定力量的来源，而并非是企业内部创新意识的发起人。"祁邵阳补充说。

"那么这些人又有哪些缺点呢？"孙志问。

"这部分人，由于他们行事讲究制度化，事事求依据和规律，有可能会将细节条例化，事事检查以求正确无误。甚至为了办事精确，不惜对人吹毛求疵或挑剔别人的错误，以显现自己一切照章办事的态度和求取完美的精神，所以他们不适合也不易维持团队内的团结精神和凝聚力。"祁邵阳回答道。

这时候，唐轩电话也接完了。

他说："刚才电话是关董打来的，她下星期会来公司一趟，看看情况。"

紧接着他又问："刚才你们讨论到哪里了？"

"该分析变色龙类型了。"孙志回答。

"那么，依你来看，变色龙类型有怎样的特点呢？"唐轩问孙志。

"这个嘛，依我看来，他们性格善变，处世极具弹性，能为了适应环境的要求而调整决定甚至信念，所以变色龙类型的人具有高度的应变能力。"孙志回答。

"说得很好，"唐轩笑了笑，又说，"那你觉得如果这类人当领导，又会怎样？"

孙志说："据我分析变色龙型的领导人，应该是具备支配型、表达型、耐心型、精确型四种特质的综合体，虽然没有突出的个性，但擅长整合内外信息，兼容并蓄，不会与人为敌，以中庸之道处世。

"另外，他们处世圆融，弹性极强，办事处处留有余地，行事绝对不会走偏锋极端，应该是一个办事让你放心的人物。"

"那这种人就没有什么缺点了吗？"郑中华问。

"应该……没有了吧？"孙志貌似思考状说。

"当然不是了，"唐轩打断道，"恰恰由于变色龙型的人以善变为其专长，所以做人不会有什么立场或原则，也不会对任何人有效忠的意向。

"有时候作为其部属，其他人会难以忍受其善变和不讲原则的行为；当他们上司的人，则会日夜担心不知何时会遭其'出卖'。

"所以，变色龙型的领导人既没有突出的个性，对事也没有什么强烈的个人意识形态，事事求中立并倾向站在没有立场的位置，故在冲突的环境中，是个能游走折中的高手。

"但由于他们能密切地融合于各种环境中，所以可以轻松应对企业对内对外的各种交涉，只要给他们分配确实的任务和清楚的目标，他们都能恰如其分地完成。"

"那现在是不是我们应该根据这些标准衡量员工试用期的表现了？"孙志问道。

"这个先别急，既然说到这里了，我就再给你们讲一个伯乐相马的故事，方便你们能够更快地做出正确的选择。"唐轩说。

"好啊！"孙志满口答应。

完美团队成功记
Perfect Group

28　伯乐相马

伯乐相马的故事是这样的：

在传说中，天上管理马匹的神仙叫伯乐，所以在人间，人们把精于鉴别马匹优劣的人，也称为伯乐。

第一个被称作伯乐的人本名孙阳，他是春秋时代的人。由于他对马的研究非常出色，所以时间长了，人们便忘记了他本来的名字，干脆称他为伯乐，一直延续到现在。

有一次，伯乐受楚王的委托，购买能日行千里的骏马。

伯乐向楚王说明，千里马少有，找起来并不容易，需要到各地巡访，请楚王不必着急，他会尽力将事情办好。

于是，伯乐跑了好几个国家，包括以盛产名马闻名的燕赵一带，他仔细寻访，却还是没有发现中意的良马。

一天，伯乐从齐国返回，在路上，他看到一匹马拉着盐车，很吃力地在陡坡上行进。马累得呼呼喘气，每迈一步都十分艰难。由于伯乐对马向来亲近，他不由得走到跟前。马见伯乐走近，突然昂起头来瞪大眼睛，大声嘶鸣，像要对他倾诉什么，伯乐立即从声音中判断出，这是一匹难得的骏马。

于是伯乐对驾车的人说："这匹马在疆场上驰骋，任何马都比不过它，但用来拉车，它却不如普通的马。你还是把它卖给我吧！"

驾车人认为伯乐是个大傻瓜，因为他觉得这匹马太普通了，拉车没力气，吃得又多，却骨瘦如柴，便毫不犹豫地同意了。

伯乐牵走了千里马，直奔楚国。

伯乐牵马来到楚王宫，拍拍马的脖颈说："我给你找到了好主人。"千里马好像明白伯乐的意思，引颈长嘶，声音洪亮，如大钟石磬，直上云霄。

楚王听到马嘶声，走出宫外，伯乐指着马说："大王，我把千里马给您带来了，请您仔细观看。"

楚王一见伯乐牵的马瘦得不成样子，认为伯乐在愚弄他，有点不高兴，就说："我相信你会看马，才让你买马，可你买的是什么马呀？这马连走路都很困难，还能上战场吗？"

这时候伯乐说："这确实是匹千里马，不过拉了一段时间的车，又没有精心喂养，所以看起来很瘦。只要您精心喂养，不出半月，它一定会恢复体力。"

楚王听了，半信半疑，便命令马夫尽心尽力地把马喂好。

果然不出半月，马变得精壮神骏。楚王跨马扬鞭，不大工夫已跑出百里之外了。

后来，千里马随楚王驰骋沙场，立下了不少功劳。楚王因此也对伯乐更加敬重。

故事讲完了，唐轩问道："这个故事又说明了什么道理呢？"

"是不是说明了一定要将合适的东西放在合适的位置上？"孙志接着说，"故事中如果将千里马用来拉车，不仅浪费了千里马的才能，而且还会发现它不如别的马；但如果将千里马放到了战场上，那么它就可以驰骋沙场，尽展其能。"

"嗯。"唐轩点了点头。

这时候，郑中华说话了："韩愈曾经感叹——'千里马常有，而伯乐不常有'。伯乐虽然重要，但是让千里马发挥自己最大作用的楚王的功劳同样重要，如果没有他，千里马仍然只是一个不能发挥作用的'花瓶'。"

"非常好！"唐轩说，"那么，就让我们找好GAC的千里马，研究好他们的性格，为他们创造良好的适合他们发展和展现个人才华的工作环境，共同为GAC的明天发挥作用吧！"

于是，四人开始进入紧张的评判当中，因为刚才的激烈参与，包括朱晓晓、沙子瑄、顾扬、蔡新龙在内的25名优秀试用期员工很快就被他们选中了。

正所谓"术业有专攻"，每个员工都有着不同的复合型性格，弄清楚每一种人物的性格特性，那么在分配工作或是日常相处的过程中就会起到事半功倍的效果。

另外，正所谓"金无足赤，人无完人"，任何一种性格特征相对于其他的性格特性都不能只是简单地说好或者是不好，只要结合了特定的环境以及特定的工作岗位，不同性格的员工都会发挥其最大的价值。

古人也都说了——"江山易改，本性难移"。作为企业管理者不要妄想借以改变自己员工的性格来改变他们的处世方式，这样只能让事情变得更加糟糕。因此，管理者本人需要弄清楚每一种性格的优势和劣势，放大他的性格优势，缩小其性格劣势，使得员工各得其所。这样，最终受益的不单单是员工本人，更大的获益者仍旧是企业本身！

凡事都具有两面性，人类是具备承载多种可能性的重要载体之一，这就需要上一级针对每个人物不同的特点，有针对性地进行行为上的安置和思维上的点拨，做到有的放矢，发挥员工的最大价值！

对管理者而言，在选择优秀员工的时候不能只是关注他有多少缺点，更要关注他有哪些优点，以及这些优点有利于他在哪个方向上发挥，同时进行适当的调配，使其最终能与企业达成双赢！

29   得知真相

一个星期以后，关颖来视察GAC华东地区的工作进展。

"关董，这些是员工每个人在试用期的表现记录以及每个人的优劣势分析。"唐轩说着，就把文件放到了关颖的面前。

看到他们分析得十分到位，关颖打心底里感到高兴。

这时候，她注意到朱晓晓的面试记录，就问道："这个女孩也没什么背景嘛，怎么就被纳入到GAC的正式员工之中了呢？"

于是，唐轩就把从网上认识朱晓晓到推荐她来面试，再到试用期的出色表现给关颖讲了一遍。

关颖听后非常满意，对唐轩说："我倒想见见这个女孩，下午吧，你给安排个时间。"

"好的。"唐轩答道。

再说此时的朱晓晓，到现在也不知道唐轩就是她在网上的"大叔"，更不知道今天下午，广告行业的一姐，也就是GAC的创始人关颖正准备要亲自见见她。

因为唐轩把所有的经过都告诉了关颖，所以当她看到这个稚嫩的女孩出现在自己的面前时丝毫没有感到惊讶，甚至潜意识里还有一种似曾相识的感觉。

在交谈过程中，她也越发地觉得，这个女孩跟年轻时候的自己还真有些相像。

"据说，你是一个相当有才的小姑娘？"关颖问道。

"不会吧？谁说的啊？"朱晓晓有点惊讶地说。

"在GAC，工作态度一定要谦虚，但展示个人魅力的时候，这种谦虚就变成了一种虚伪。"关颖说，真不愧为GAC董事，就连谈话都这么精辟。

接着她又说："工作这一段时间以来，有什么感受呀？"

"之前我一直觉得自己年轻，没有工作经验，所以很多事情做不到觉得理所当然，但真当自己做到的时候，才发现很多事情原来也不难，关键要看你自己是否努力争取了。毕竟，机会是给有准备的人的。"朱晓晓接着又说，"现在我终于知道——只有打不败自己的人才有资格告诉别人怎样坚强，只有感动自己的人才能获得生活的顿悟！"

说完这个，朱晓晓吐了吐舌头，心想自己是不是说得有点多了，因为直觉告诉她，坐在她面前的这个女人一定是一个响当当的人物。

这时候，她仔细地打量了一下坐在自己面前这个衣着考究、谈吐高雅的女性，心里开始有点紧张起来，心里想，她一定是公司的高层吧？

没想到，关颖却笑着点了点头，感叹地说："怪不得唐轩一直夸你，原来还真是一个有思想的女孩子啊！"

"唐总？"朱晓晓显得有些惊讶，因为从培训到真正成为GAC的一员，她几乎没有跟唐轩正面接触过，难道……

朱晓晓的猜测很快在晚上就得到了证实。

晚上的时候，朱晓晓在写一些文字感想，这些天来，确实发生了很多事情，让她现在想想都觉得不可思议。

当最后一个字写出来的时候，朱晓晓的脸上露出了笑容，之后，她开始不自觉地念了出来：

不要做后天的公主

一只流浪的小狗

被主人丢到了丛林中

阳光穿过树叶的缝隙

照射在

它蓬乱的毛发上

给人的感觉很温暖

给它的感觉很悲凉

一份寄托了梦想的憧憬
被生活的脚步踩得遍体鳞伤
一个年轻人走过
它以为看到了希望
使尽全力呼喊着
失望
又一次俘虏了它的内心

小狗在想
后天就会有主人来救我
梦想在期盼
总会有人能把我实现
正如此刻 我们内心的呼喊
后天我就是传说中的公主
今天暂且还是灰姑娘
后天的阳光一定会更加灿烂
今天暂且容许它昏暗

我们在期待
希望时间来改变
我们在等待
希望伯乐来相伴
殊不知自己
遗失了现在
错过了本应实现的青春的梦

不要做后天的公主
不要等待救命的稻草

> 只要接受了今天
>
> 成就了明天

后天就是很美的未来

"又是一篇天才之作！"朱晓晓自恋地感叹着。

的确，这首诗不仅体现了朱晓晓对现在工作的满意，同时也让她对以后的日子更加充满了信心。

这个时候，她好像忽然间想到了什么，就打开QQ，把自己的签名改成了——女子无才便是德，做人不可太缺德！

"哈哈！"接着便像孩子一般地笑了起来。

"有时候自我欣赏也是一种别样的快乐嘛。"朱晓晓想。

这时候，她看到"沉默是金"刚刚上线，就发了个窗口抖动给他。

"这么暖和的天，哆嗦什么啊？"唐轩开玩笑地问。

"呵呵，"接着她又调皮地说，"被大叔出卖了哦！"

"怎么了？"唐轩疑惑地问道。

"敢问大叔芳名？"朱晓晓笑着说。

这边唐轩愣了一下，没有说话，第六感告诉他，这个聪明的女孩已经知道了自己的身份。

那头，朱晓晓却说："唐总，辛苦了啊！真诚地感谢您这个幕后英雄对在下的栽培。"

"呵呵。"唐轩笑了，突然又觉得轻松了起来，跟这个女孩子讲话不需要遮遮掩掩的，她这种性格和脾气，在职场当中也是相当少见的。

接着他又说："就像你说的，千里马遇到伯乐了啊！"

"那我之后是应该叫您大叔呢，还是应该叫您唐总呢？"朱晓晓问。

"你觉得呢？"唐轩反问她。

"两个都叫吧！哈哈哈……"朱晓晓说，"不过，我会注意场合的。"

在唐轩看来，尽管自己跟朱晓晓有一定的年龄差距和相当的社会阅历差距，但跟她聊天总会感觉到轻松、快乐。

这，应该也算得上是一种无形的默契了吧！唐轩想。

30　三个和尚挑水

第二天，关颖把唐轩、孙志、郑中华、祁邵阳四人叫到会议室里，做了一个简单的交流。

"首先，我非常满意四位这段时间以来的工作表现。不过，你们都是在GAC发展得比较成熟的时候进入的，所以对于公司刚开始时候的运作可能并不清楚。为了让你们能够通过华东地区的运作，把GAC推向广告行业的一个顶峰，我先给你们讲一个故事，让你们明白一个企业从创业期到发展期再到成熟期的一个历程，这应该对你们以后的工作开展更有帮助。"关颖说道。

"这是一个'三个和尚挑水'的故事，但如果你足够细心，就可以发现这里边有很多值得思考和深究的问题，同时，从这里边也可以看出GAC近20年发展过程当中的一些影子。"接着，关颖便打开幻灯片：

"三个和尚挑水"对企业成长的启示

从前，山上有座庙，庙里开始只有一个和尚，这个和尚每天到山下的井里挑水，过着悠然自得的生活（这就是GAC的前身华彩广告有限公司家庭式的运营初期，由于人不多，所以总是比较自由，经营压力也较小，正所谓一人吃饱全家不饿）。

一年后，来了一个云游和尚，经过协商，两人决定一起挑水，因为有了团队，挑水的效率也提高了，于是两人有了更多的时间去处理庙里的内务（我和师兄开始注重企业内部管理），让生活的环境更加干净和舒适（企业经营在逐步改善）；过了一年，又来了一个云游和尚（企业总是在一年又一年中开始扩大规模），反而谁也不挑水、谁也不抬水了，最后变成了谁都没水喝（效率在下降，效益也在下降，这个时候华彩内部产生了一些矛盾，内部危机显现端倪）。

但毕竟没水喝是不行的，于是三个和尚坐下来协商（三个董事开始注重团队沟通），最后决定，每天轮流抬水，每次两人。比如第一天甲和乙，第二天乙和丙，第三天丙和甲（建立了初步的管理机制），当天不抬水的和尚负责给大家煮饭（企业工作和岗位开始细分）。

这样相安无事一个月之后，新的问题出现了，乙和丙比较懒（管理中人性的坏毛病开始暴露），每到他们俩抬水的那一天，水总是不够喝。于是，三人再次进行协商（遇到了问题，团队需要反复进行沟通），并制定了惩罚和奖励的措施：如果不能填满能够满足大家每天喝水的固定水缸（制定明确的目标），那么当天负责抬水的两个和尚只能享受和抬水量相应比例的伙食，如果抬得多则得到相应的奖励，比如可以多得一个馒头（为了保障企业的顺利运转，开始建立了标准清晰的绩效奖惩制度）。

再经过一个月运行之后，新的问题又暴露出来了，因为丙煮饭的水平特别烂，每次轮到他煮饭的时候，大家都没法吃，而丙也不爱煮饭。于是，经过三人再次协商（团队定期沟通），共同决定以后丙主要负责抬水，而甲乙轮流配合丙抬水（企业根据员工的专长、爱好进行不同岗位的安排）。

这样相安无事地经过了一年，突然有一天，又来了三个云游和尚，在山脚下盖了一座庙，他们因为离井近，所以，每次挑水都比山上的和尚来得方便，也挑得多，因为井水是有限的（客户容量在特定时间内总是相对固定的），每次等山上的三个和尚下来抬第二次水时，井水往往见底了或者只能抬到带有污泥的不干净水（市场来了强有力的竞争对手，造成竞争加剧，客户流失或者客户的质量在下降）。

于是山上的三个和尚就一起思考，怎样才能保证每天都能挑到满满一水缸的水呢？（企业的核心竞争力在哪？竞争优势如何确立呢？如何保证企业的生存？）经过大家共同出谋划策（团队思考的力量，群策群力），想出来一个好办法，就是每天让丙去挑水，甲和乙除了每天煮饭，还要负责在山下的井里架一台

抽水机，并铺一条水管直接到山上（团队根据市场竞争情况和各自专长，重新进行分工合作）。一个月后，山上的三个和尚已经不用再为没水喝而担忧了，因为他们的抬水效率已经远远高于山下的三个和尚（企业变革取得明显成效，比如采用新的管理方法和管理工具，以及重新设计高效的工作流程）。

又过了一年，山上和山下六个和尚为了让自己获取更多的水源（人总是自私的，相互竞争时更是这样），取水、用水无节制，再加上山上滥砍滥伐，环境逐步恶化，山下的井水有逐渐干枯的迹象，水质也变得不好了（市场竞争恶化，或者行业衰落）。终于有一天，山下的三个和尚偷偷搬离了这座山（逐步有竞争对手退出了这个行业），而山上的三个和尚则在思考以后喝水的问题（企业面临重大转型），是和山下和尚一样搬离这座山呢（离开这个行业），还是寻找新的地方再打一口水井（寻找这个行业中的长尾市场或蓝海市场）？这三个和尚毕竟在这座山住得比较久，对这个地方是有深厚感情的（行业依赖性或熟悉路径依赖性），对周围的环境也熟悉（对自己所从事过的行业专业度更高），于是经过仔细分析（科学的市场调查），认为整体上并没有到"山穷水尽"的地步（还存在行业和市场机会），最终三人决定齐心协力，赶在山下小井全面干枯之前找到了新的水源（独辟蹊径，寻找蓝海市场或长尾市场），然后再打一口井。

功夫不负有心人（努力不一定成功，放弃一定失败），通过大家的努力，终于找到新的水源。经过三个和尚一个月的努力，终于赶在原先的小井完全干枯之前，又打出了一口新的水井，而且这次三个和尚还在山上植树造林，保护环境（带头维护行业的健康秩序，不再进行恶性的竞争，如低价等）。这样，三个和尚又重新喝上了新鲜的水，过上了快乐的生活（企业经过艰苦卓绝的转型，又获得了重生）。

大约十几分钟之后，关颖看着正在沉思的四个人，说："这个故事虽然很简单，但却完整地展现出GAC的发展历程，也预示了华东分公司今后可能会遇到的种种问题。我希望你们回去能够好好地思考，也希望这个故事能给你们今后的工作提供些许启发。"

四人都点了点头，似乎对之后的工作充满了信心，又似乎下好向困难挑战的决心。

　　企业从成长到稳定需要经历不同的阶段，每一个阶段都需要一系列人员的合理分配以及制度的人性化调整。

　　在企业发展的初期，很多人员分配不是很到位以及制度的不完善往往会引发很多问题，管理者在分析团队内部优势以及合理需求之后一定要进行合理的任务分配以及制度调整，确保团队各部门在执行工作的时候都能按照既定的流程实施，以实现企业成长阶段的迅速成长。

　　企业在成熟稳定期也会遇到很多问题。比如说团队内部的任务分配不合理、激励机制不恰当或者团队之外竞争对手的出现等也都会导致一系列的棘手问题产生。

　　那么，在这个时候，如何在稳住内部发展方向之外独辟蹊径、找到更适合企业发展的道路呢？是继续专业化运作还是尝试着多元化运营？企业的管理者一定要具备这样的战略意识，那就是当企业所在的行业还有很大的成长空间时，一定要坚持在此行业的发展，一旦成长空间不是很大，就要重新寻找更适合发展的上下游相关产业，进行战略方向转移。

　　不管怎样，企业绝对不能用打价格战的方法维持企业的持续运作，这最终只能逼得企业走到绝路，其结果定然会得不偿失！

　　无论从事哪种行业，企业都必须确保良性的竞争，如此坚持下去，必将能够获得市场的口碑，成为值得消费者信任的品牌！

完美团队成功记
Perfect Group

31 公鸡下蛋的启示

　　这个时候，为了缓和一下众人沉思的氛围，关颖想了想又接着说："当然，一个企业想要发展，不管是在初期阶段还是在企业成长阶段或是成熟阶段，最难的就是人的管理。前两天我在跟JACK聊天的时候，他说自己非常喜欢中国的小品艺术，诙谐风趣的语言在博得众人一笑的同时也会延伸出一些管理方面的知识。不知道大家还记不记得有一个小品叫'公鸡下蛋'？"

　　"这个当然听过了！下蛋公鸡，公鸡中的战斗机嘛！"孙志不假思索地说。

　　众人又是一阵大笑。

　　"哈哈，这个当然没错，接下来我就要跟你们分享一个'下蛋公鸡'的故事。"关颖乐呵呵地说。

　　"难道这世上还真有会下蛋的公鸡？"孙志又调侃道。

　　"这个嘛，"关颖故意卖了个关子说，"你们还是先听故事吧！"

　　一个农妇养了两只鸡，一只公鸡、一只母鸡。农妇对母鸡很偏心，每天总是等母鸡吃饱了，公鸡才能抢一点残渣剩食充饥，其他大部分的时间里，公鸡只能自己在草丛或墙角找几个小虫吃吃。

　　公鸡对此很不满，它决定改变这种状况。公鸡很清楚，农妇对自己持不平等态度的根源是自己不会下蛋。如果想改变这种状况，就必须从下蛋入手。公鸡也知道，自己学会下蛋是不可能的，因此，它只能把母鸡下的蛋据为己有。于是，公鸡仔细对母鸡观察了几天，掌握了母鸡的活动规律。它发现母鸡每天都在中午的时间下蛋，下完蛋后便走出鸡窝高声地叫一阵。农妇听到母鸡的叫声之后，不一会儿就从屋子里走出来，到鸡窝里去取蛋。掌握了这一规律后，公鸡开始了自己的行动。

一天，母鸡刚下完蛋离开窝，公鸡便跑进去把母鸡刚下的那个蛋藏在了窝里的稻草下面。农妇听到母鸡的叫声，放下手中的活儿出来取鸡蛋的时候，看到窝里什么都没有，就失望地回去了。农妇刚离开鸡窝，公鸡便急忙跑进窝里，把蛋从稻草下面刨了出来，然后装模作样地卧在了窝里。过了一会儿，公鸡便把头伸出鸡窝外面使劲地叫了起来。农妇很奇怪，这只公鸡很少在这个时间鸣叫，今天是怎么了？于是农妇又来到了鸡窝边上。看到农妇来到鸡窝旁边，公鸡才慢慢起身，边叫边高昂着头走出了鸡窝。农妇一看，鸡窝里有一颗蛋，而且拿在手里还特别热乎。

自己家的公鸡居然下蛋了！农妇很开心。于是从那天开始，公鸡享受到了与母鸡同样的待遇。

这样过了好多天，农妇发现公鸡每天都要下一个蛋，而母鸡却再也没下过蛋。于是农妇指着母鸡大骂一通后，一刀把母鸡宰掉熬了汤。自从母鸡被宰掉后，农妇的公鸡再也没有下过蛋。农妇似乎明白了什么，便把公鸡也宰掉了。

"关总真是博学啊，就连一句无意间的笑谈都可以引申出一个如此经典的故事！"孙志有些拍马屁地说道，"故事中的农妇还真傻，竟然相信公鸡也会下蛋！"

"是的，就故事而言，我们当然可以看出来公鸡会下蛋是绝对不可能的事情，可是在日常的管理工作中，作为管理者的你们有没有犯过这种低级错误呢？"关颖问道。

"农妇的问题固然会引人思考，"唐轩想了想说，"可是，我想对公鸡和母鸡而言，同样也有发人深省的地方。"

关颖微笑地点了点头，表示认同。

唐轩又继续说道："在这个故事当中，我们不应该单单地把矛头指向'偷蛋'的公鸡，因为造成公鸡如此行为的是农妇的不公平待遇，除此之外，能够让公鸡有机可乘的还有母鸡下完蛋之后的招摇造势！"

　　"而农妇在不可思议的事情发生之后本应该经过潜心思考，弄清楚出现这种怪现象的原因，因为对待有些事情一定不可以错杀一个！否则，可能就会导致非常惨痛的代价！"孙志说道。

　　郑中华想了想，也说道："母鸡也要顾及同伴的感受，当看到自己的待遇比同伴的待遇好的时候，要用一种宽容的心态让自己的同伴也能够得到相应的待遇，或者是尽量减少这种不平衡！"

　　这时，作为人力资源总监的祁邵阳也发话了："公鸡在分析了一系列原因之后，一定要找出自己的竞争优势，切不可在相对劣势的范围之内做一些比较愚蠢的行为——表面上看短期是得到了一点利益，但从长远来看就有可能付出生命的代价！"

　　关颖点了点头，从她微笑的眼神里边可以看出，对于四人颇为全面的分析，她非常满意。

　　接着，她说："那么，我们今天的谈论就先到这里吧！同时我也希望你们都能够发挥所长，尽早地实现GAC建立华东分部的目标！"

　　最后，关颖还没忘记总结一下："但是，你们一定要记得——很多时候，故事本身并不会教我们怎样去做才会更好，但它一定会告诉我们怎样做可能不是太好；很多时候，故事本身并不能给我们正在从事的工作画龙点睛，但它起码会防止我们画蛇添足；同样，很多时候，故事只是故事而已，生活本身并不会像故事这样纯粹，所以，需要我们用心灵去净化泛着迷雾的现实！"

　　之后半年多的时间里，由于关颖的故事启发，加上唐轩的科学化管理，孙志在谋略上的出谋划策以及公司内部高素质人员的勤奋工作，公司的业绩有了明显提高，其前景呈现出不可估量的态势。

　　另外，朱晓晓由于思维活跃、创意独特，在"中国第三届广告大赛"上获得了二等奖。再加上表现突出，很快就被提升为设计总监助理。从原来的平凡无奇到现在创意层出不穷，这个黄毛丫头真的完成了从灰姑娘到公主的转变！

　　沙子瑄也由于做事稳重、踏实，从公司设计部被调到人力资源部担当主管，成为祁邵阳部门的一个重点培养对象。

乍一听"公鸡下蛋",明白人都知道只是一句玩笑话,但是在企业当中又存在多少可以"下蛋"的"公鸡"呢?

的确,现在的企业中不乏滥竽充数之人,他们本是手无缚鸡之力的中层管理者,因为懂得一些"拍马屁"之道,再加上有个不知道明察秋毫的上司,所以很轻松地在偌大的一个企业混上了一官半职,于是乎就对下边的人指指点点、耍耍威风。

表面上看,这些人为企业呈上了颇为漂亮的成绩单,可是又有哪些是他们独立操刀完成的呢?窃取下属的劳动成果,亦或是窃取竞争同事的劳动成果,给自己的脸上贴金,并且以此谋得不正当的奖金以及表彰……想想,这种人的存在对企业或者团体,真的是百害而无一利啊!

为了杜绝这类现象发生,企业的高层管理者一定要制定一系列的措施,防微杜渐。不仅要明确每一位员工的工作任务,还要在任务完成之后进行逐一的反馈,了解其工作过程中遇到的障碍抑或是成果的分享,这样一来,不仅有利于整个团队公平、公正、公开地合作,更有利于企业的进一步发展。

32　负面激励

由于公司在国外的业务越做越大，因此前两个月又引进了一批新员工，将他们作为储备力量培养。

但眼看着时间慢慢地靠近新年，任务越来越重，员工的表现却越来越不如以前了，特别是新进来的一批员工，按照公司之前的一系列培训模式实施培训之后，似乎并没表现得很优秀，很多人在正常工作一段时间之后就疲倦了。难道是自己的方法出了问题？沙子瑄仔细核对了自己当时面试的经过以及之后的试用期培训，中间步骤也没差错啊！

于是，她便想要向祁邵阳请教一下。

这天，她刚一走进祁邵阳的办公室，就听到祁邵阳热情地打招呼："小沙啊，最近工作表现不错嘛，就连唐总都夸奖你进步得快呢！"

听到这样的夸奖，沙子瑄心里自然很高兴，一直以来，GAC都是用一种激励员工的方法让员工变得更加自信，让他们工作的积极性更高。

可是，同样的方法用到其他人的身上，为什么就不能百分之百地管用呢？沙子瑄向祁邵阳说出了自己的困惑。

听到沙子瑄的疑惑，祁邵阳笑了笑，摆了摆手，示意她坐下。

接着，他问："是不是前一段时间公司新进的一些员工让你有些为难啊？"

"也不是为难，就是他们中的一些人没有刚进来的时候工作积极性高了，有的人不按时完成工作任务，案子不能如时交接，很多主管也都向我反应这方面的问题，我在想，是不是自己招聘或者训练的时候出了什么漏洞？"沙子瑄说。

"这个嘛，很正常。"祁邵阳笑着问道，"从试用期到现在，你是不是一直都沿用我当初教给你的方法，激励式地进行试用培训，在进入工作环节之后又正面激励他们更好地工作？"

"没错啊！"沙子瑄说，"我一直都是按照您教给我的方法去做的啊！是不是我经验不够，所以才……"

沙子瑄话还没说完，祁邵阳就打断她说："这个与经验无关，不过在说这个之前我先给你讲一个故事，听后你可能就会明白了。"

一直以来，GAC公司都是这样，不会直接告诉你问题的所在，而是先给你一个可以让你思考的故事，从而结合问题进行分析。沙子瑄也非常喜欢这种方式，不过因为自己经验不足，在与工作结合的时候还是会考虑得不很周全。

"这是一个关于一匹赛马的故事，其中透露出一些人力资源主管在管理的时候遇到的问题。"祁邵阳喝了口水，润了润嗓子，开始讲道：

一次，一匹赛马的主人带着他的骏马观看了精彩的赛马会。

在回家路上，主人感叹地对他的马说："我的马啊，今天的比赛你可都看见啦，那一匹匹腾云驾雾、追风撵月般的骏马多棒呀！可你，走起路来慢慢腾腾、一步三摇，活像一头老驴！要不是熟马难舍，我真想把你卖了。唉，你就不能给我争争气吗？"

可是马却说："我怎么能跟那些骏马相比！它们的装备可比我强得多，就说鞍子吧，……"

骏马还没说完主人就恍然大悟，赶忙说："哦，对！对！那些骏马的鞍子确实都是锃光瓦亮的！好，我立即就给你配一副好鞍子！"

于是，马鞍很快就配好了，可这匹马依然如故。

又过了几天，主人忍不住又发起牢骚来。

马说："你不就配了一副鞍子吗，可是那些骏马的装备还是比我强，比如说辔头吧，也是最好的嘛！"

"哦，"主人想，"那些骏马的辔头似乎是要强点儿。"于是，他又给这匹马买来了新辔头。

之后，主人对马的所有欲望和要求，都尽量满足了。

可遗憾的是，这匹马依然没有丝毫长进。

这时，主人十分苦恼，百思不解："我给了它一匹骏马所需要的一切，可它为什么不能成为一匹骏马呢？"于是，他就向一位要好的朋友请教。

故事讲到这里，祁邵阳问："小沙啊，你知道他的朋友说什么吗？"

沙子瑄摇了摇头，猜测说："或许，这匹马本身就不是一匹上进的马？前边的要求只是借口罢了！"

祁邵阳笑了笑说："他的这位朋友告诉他：'因为你手里缺少一根鞭策它上进的鞭子！'"

说罢，他又问沙子瑄："你知道这个故事说明了什么吗？"

沙子瑄想了想，恍然大悟，说："它是不是告诉我们，在一个公司内部，对于员工的正面激励是很重要的，但当所有的条件已经成熟，当公司的硬件设施达到了他们的要求，负面激励也是不可缺少的呢？"

"我果真没看走眼，你真是一个聪明的姑娘！"祁邵阳赞叹道，接着他说，"那这个时候，你应该知道怎么做了吧？"

"我知道了，祁总。"沙子瑄回答。

"不过，负面激励在运用的时候一定要把握好度，要不，就会适得其反。"祁邵阳交代她。

"我知道的，祁总。不过，我还有一个问题想要请教您一下。"沙子瑄说。

完美团队成功记
Perfect Group

33　绩效考核

"但说无妨。"祁邵阳说。

"如今已经元旦了，公司业务量在不断地增多，我的工作也越来越忙。眼下又到了年终奖金确定以及来年年薪规划的时候了，我觉得这个事情自己有点力不从心，祁总，您看……"沙子瑄故意停了一下，又接着说，"这个事情能不能您亲自来做，我怕自己做不好。"

沙子瑄就是这样，一方面甘愿勤勤恳恳地工作；另一方面又怕自己做得不好而破坏了自己在领导心目中的形象，此时的她显得有些不知所措。对她来说，领导越是相信自己，自己就会越觉得做得不够好。

或许，有时候，信任就是最大的枷锁吧！

"这个嘛，你也不要太担心，我把这个事情交给你，就是相信你一定能够做好的，这样吧，我再给你讲一个故事，听了之后，也许你就会知道应该怎么去做了。"祁邵阳说。

沙子瑄点了点头。

每到讲故事的时候，沙子瑄就会非常期待，因为祁总讲的每一个故事都能够让自己豁然开朗。

黑熊和棕熊

黑熊和棕熊喜食蜂蜜，都以养蜂为生。

它们各有一个蜂箱，养着同样多的蜜蜂。有一天，它们决定比赛看谁的蜜蜂产的蜜多。

黑熊想，蜜的产量取决于蜜蜂每天对花的"访问量"。于是它买来了一套昂贵的测量蜜蜂访问量的绩效管理系统。在它看来，蜜蜂所接触的花的数量就是其工作量。每过完一个季度，黑熊就公布每只蜜蜂的工作量；同时，黑熊还设立了奖项，奖励访问量最高的蜜蜂。但它从不告诉蜜蜂们它是在与棕熊比赛，它只是让自己的蜜蜂比赛访问量。

棕熊与黑熊想的不一样。

它认为蜜蜂能产多少蜜，关键在于它们每天采回多少花蜜——花蜜越多，酿的蜂蜜也越多。于是它直截了当告诉众蜜蜂：它在和黑熊比赛看谁产的蜜多。与此同时，它花了不多的钱买了一套绩效管理系统，测量每只蜜蜂每天采回花蜜的数量和整个蜂箱每天酿出蜂蜜的数量，并把测量结果张榜公布。它也设立了一套奖励制度，重奖当月采花蜜最多的蜜蜂。如果一个月的蜂蜜总产量高于上个月，那么所有蜜蜂都会受到不同程度的奖励。

一年过去了，两只熊查看比赛结果，黑熊的蜂蜜量不及棕熊的一半。

故事讲完了，祁邵阳问道："从这个故事当中你又能够悟出些什么道理？"

沙子瑄想了想说："故事当中，黑熊的评估体系虽然很精确，但它评估的绩效与最终的绩效并不直接相关。

黑熊的蜜蜂为尽可能提高访问量，都不采太多的花蜜，因为采的花蜜越多，飞起来就越慢，每天的访问量就越少。

另外，黑熊本来是为了让蜜蜂搜集更多的信息才让它们竞争，由于奖励范围太小，为搜集更多信息的竞争变成了相互封锁信息。蜜蜂之间竞争的压力太大，一只蜜蜂即使获得了很有价值的信息，比如某个地方有一片巨大的槐树林，它也不愿将此信息与其他蜜蜂分享。"

"分析得非常好！"祁邵阳夸奖道，"接着说。"

"而棕熊的蜜蜂则不一样，因为它不限于奖励一只蜜蜂，为了采集到更多的花蜜，蜜蜂相互合作，嗅觉灵敏、飞得快的蜜蜂负责打探哪儿的花最多最好，然后回来告诉力气大的蜜蜂一齐到那儿去采集花蜜，剩下的蜜蜂负责贮存采集回的花蜜，将其酿成蜂蜜。虽然采集花蜜多的能得到最多的奖励，但其他蜜蜂也能捞到部分好处，因此蜜蜂之间远没有到人人自危相互拆台的地步。"

"说得很好，故事当中两只熊虽然最终都是以结果为导向来衡量蜜蜂的产量，但考查方法却大大不同。棕熊的绩效考核体系结合适当的激励和竞争机制，这样就充分发挥了蜜蜂的积极性和潜在能力，使绩效水平提高很快；而黑熊的绩效考核更多还是以过程为导向的，它对蜜蜂的考核在于付出了多少劳动，而不管结果是否提高。这样一来就会有很大的漏洞，使很多蜜蜂可以钻空子却得到高绩效，也使得部分蜜蜂虽然很努力，但是找不到方向。那么，你在制定一套适合企业的绩效考核体系时，就一定要了解绩效的结果和追求的目标是否温和，否则可能得不偿失。"祁邵阳补充道。

"我知道了，祁总，这个故事告诉我们，在绩效考核时应该更重视结果。但在考核指标的设定时要依照平衡计分卡的思路，过程和结果应该全面考虑，衡量过程和结果指标的平衡问题，以及短期和长期平衡的问题。"沙子瑄高兴地说。

"是的。激励仅仅只是手段，激励员工之间竞争固然必要，但相比之下，激发起所有员工的团队精神却尤显突出。

绩效评估的时候是应该专注于活动，还是应该专注于最终成果，作为人力资源主管一定要细细思量，这样才能够进行科学的绩效考核。

打个比方，你就相当于一个乐队的指挥，由于你指挥或者评价的侧重点不同，乐队也会做出不同的反响：或者演奏得杂乱无章，或者表现出激情与才华。"祁邵阳解释说。

"谢谢祁总。我想我知道应该怎么做了！"沙子说罢，转身离开了祁邵阳的办公室。

　　激励和考核一直以来都是人力资源部门比较头疼的问题，很多时候往往是奖金也发了，表彰也做到位了，最终的结果却还是不遂人愿，员工之间的关系仍旧没有得到很好改善，工作积极性和工作热情也还是老样子，没有太大的提高。

　　那么，这个时候，公司是不是应该反其道而行，换一种方法进行激励呢？

　　凡事都具备两面性，一旦正面的激励起不到大的作用，就应该换负面激励，给员工一点儿压力，并以此改善员工的工作状态。要知道，时间久了，纯粹的正面激励会让员工觉得自己获得奖赏是理所当然的，倘若一定阶段没有获得应有的奖励，就会觉得是企业"不厚道"，对于工作本身也就有所倦怠了。

　　所以，适当的"杀鸡给猴看"也会起到一定的威慑作用。但一定要记得，别把所有的"鸡"都给杀了，这样的话"猴子"就会在心里偷着乐，同样也起不到杀一儆百的作用。

　　恰当的激励和全面的考核对于人力资源部门来说不仅是一门非常重要的必修课，更是一种不容易修炼的艺术，因为这不仅需要老练的岗位实践经验，更需要明确的全面分析事物的能力。只有这样，才能够把团队有效地团结起来并发挥其最大的协同效应！

完美团队成功记
Perfect Group

34　唐轩的初恋

　　"唐总，您的信。"唐轩经过前台的时候，前台小姐站起来说。

　　"哦，谢谢。"唐轩接过信，一看，心里不由得颤了一下。

　　信是从美国寄来的，熟悉的笔迹，一看就知道是孟菁菁写的。

　　孟菁菁是唐轩过去的女朋友，一次偶然的相遇，让经济学毕业的唐轩进入到GAC，数十年如一日。此时的唐轩走进办公室，坐下来，一切似乎又回到了八年前。

　　那时候自己还是一个穷小子，大学毕业刚找到工作，在一家机关做行政，说白了也就是处理一些杂事。日子过得倒也清闲，但时间久了总会感觉到空虚、无聊。

　　于是，没事的时候，唐轩总会写一些散文或者发表对一些事物的观点文章，寄给当地的报社，偶尔也能够赚点外快。

　　由于见解独到，看待问题的角度新颖，唐轩的文章逐渐在当地小报上崭露头角。

　　那时，孟菁菁还在一家杂志社实习。

　　有一次，杂志社推出一个有关青年职场文章的比赛。唐轩看到后，就随便写了篇稿子投了过去，之后也没放在心上。

　　谁知，几个月后，唐轩的文章竟然获得了一等奖，奖金一万元。

　　主办方要求获奖者出席一个颁奖典礼，唐轩当然应邀出席。

颁奖的时候，孟菁菁就坐在台下。作为一名实习记者，她要很认真地记录现场的情况以及获奖者发表的感言。

轮到唐轩的时候，起初孟菁菁对他并没有特殊的印象。可是，典礼之后，杂志社特别派孟菁菁采访他这位一等奖得主，并邀请他当杂志的兼职写手。

就这样，一来二往地，孟菁菁逐渐被唐轩的才情所打动，唐轩也逐渐被孟菁菁所吸引。

孟菁菁大学毕业没多久，两个人就确立了恋爱关系。

两个人在一起的日子总是快乐而美好的。况且对于唐轩来说，这是他的初恋，所以对于孟菁菁更是百般呵护、疼爱有加。

孟菁菁虽然出身条件优越，却从不摆出一副大小姐的样子，对唐轩总是非常理解。

就这样，半年多过去了。有一天，孟菁菁兴冲冲地跟唐轩说，爸爸通过关系给自己找到了一份不错的工作，在北京一家比较知名的公司GAC当文案策划。

那个时候，GAC已经在国际上崭露头角，在京城也相当有名气。

听到这个消息，唐轩自然也感到高兴。于是，两人便吃饭庆祝。

现实就是这样，这个世界上一旦女人的金钱收入大于男人，感情总会或多或少地出现一些问题。特别是对于唐轩这个内敛的大男孩来说，自己女朋友家庭条件优越，工作条件又好，自己在同事当中难免会被看成是吃软饭的。

孟菁菁知道这件事情之后，也非常理解唐轩，就通过一些关系把唐轩也调到GAC工作。

刚开始的一段日子里，唐轩非常不适应，毕竟自己是学经济的，思维相对也比较传统，跟广告打起交道来怎么都不太顺手，更何况GAC内部越来越多的时尚元素以及国外的一些新鲜资讯让唐轩更是觉得抬不起头来。

对于这种情况，孟菁菁刚开始总是十分迁就，百般地鼓励他。现实就是这样，漂亮女孩子走到哪里都会受欢迎。孟菁菁家庭条件优越，本人性格也外向活泼，很快就跟公司员工打成一片，得到公司内部很多小伙子的青睐，其中不乏家庭条件优越的男孩。

刚开始，这些男孩给孟菁菁送花、约她出去玩的时候她总是借口拒绝掉。可时间久了，碍于同事面子，也不好总是这样，她就拉着唐轩一块出去。

对于这些人来说，北京的高消费根本算不上什么，但对于刚刚工作没多久的唐轩来说，却是一笔不小的数目。渐渐地，唐轩开始用各种理由拒绝参加这样的活动，同时，他也觉得自己离孟菁菁似乎越来越远了。

特别有一天，刚好是情人节，当唐轩想要把自己精心准备的礼物送给孟菁菁的时候，却发现公司外边，有一团耀眼的火正在绽放。

原来，一个爱慕孟菁菁很久的小伙子，从花店订来9999朵玫瑰在公司楼下摆出了一个大大的"心"字，用这种浪漫的方式向孟菁菁求婚。

当时，这个求婚举动在当地轰动一时，这则消息也上了《北京晚报》的头条，公司内部所有的女同事都对孟菁菁羡慕不已，所有的男同事也都开始对她望而却步。

这个时候，唐轩觉得或许自己应该退出这场爱情保卫战了。

尽管唐轩知道，孟菁菁一直深爱着自己。可是当金钱与才华碰撞的时候，物质因素还是占据了上风，唐轩彻彻底底地在奢华的浪漫面前低下了头。

那天晚上，当唐轩提出分手的时候，眼眶不自觉地湿润了，他实在舍不得，但却没有办法。

他知道，爱一个人就应该让她幸福；

他知道，爱一个人就应该给她想要的一切；

但他也知道，当爱上一个条件比自己优秀的女孩时，自己的内心是多么狼狈……

"我们分手吧。"唐轩说出这句话的时候，孟菁菁一下子呆住了。

"阿轩，究竟是为什么？是因为林志远吗？你知道我根本就不爱他的呀？"孟菁菁哭着问他。

此时的唐轩又何尝不知道是这样，可是他又能怎样选择？自己事业才刚刚开始，今后怎样还茫然而无方向，现在看来光是一套房子就能让自己辛苦一辈子，眼前的这个女孩，自己又能够给她怎样的幸福？

既然这样，还不如就这样放手，最起码，留下的还是最美好的回忆。

分手的那个晚上，唐轩一夜未眠。

孟菁菁也没有回家，而是一个人在公园里哭了很久很久。就在她最无助的时候，刚好林志远打来电话，孟菁菁就把所有的一切告诉了林志远，之后便趴到他的肩上哭了起来。

第二天在公司，孟菁菁和唐轩一整天一句话也没说。因为彼此都不知道说些什

么。

就这样僵持了两天之后，传来消息说孟菁菁辞职了。

唐轩打电话给她她也不接，就像失踪了一样。唐轩这个时候心如刀割，本以为自己可以很快地忘记，可以很大方地离开，没想到最终还是——舍不得。

后来，唐轩知道孟菁菁去了美国。

后来，唐轩收到孟菁菁的一条短信，上面写着：阿轩，我爱你！

再后来，林志远也去了美国。

再再后来，唐轩就什么都不知道了。

再再再后来，唐轩就更加努力地工作，终于走到了今天。

他们应该在一起了，唐轩认为。他不想去打听，怕会让自己更加难过。

想了这么多，唐轩发现自己对孟菁菁还是忘不掉，忘不掉。就连现在的桌子上，都还放着当时孟菁菁送给自己的相框。在自己的记忆里，唐轩一直以为自己已经把那份感情锁在了最隐蔽的地方，可是他却忘了，不管怎么样，自己都不会丢掉那把打开记忆的钥匙……

阿轩：

你好！

在说出这个词的时候我的心抽搐了一下，觉得好陌生……

听说你现在还在GAC，已经被调到华东地区担任总经理了，我非常高兴。从刚开始认识你的那一天，我就知道你一定会有今天的成就。

这么久没有跟你联系，是因为一直以来我的心里还是深爱着你。

尽管来到了美国，我的心里还是不断地涌动出我们在北京时最美好的回忆。刚刚到这里的时候，我拼命地想你，每天晚上都会梦到你。可是，我又不敢给你打电话，怕你不接，怕越是这样自己就会越加痛苦……

看到这里，唐轩的眼睛湿润了，自己又何尝不是如此呢？

刚分手的一个月里，唐轩度日如年，每到想念胀满自己整个脑袋的时候，就拼命地寻找之前两人走过的地方，拼命地寻找两人曾经欢笑的地方，然后，一个人站在那里——流泪不止。他不知道自己今后应该怎样去走，以前的奋斗因为有了孟菁菁才显得更加有意义，现在只剩下自己一个人了，到底应该怎么办？

那时候每天晚上，越是到深夜，唐轩就越睡不着觉。翻来覆去之后，就会到便利店买很多很多的啤酒，一个人坐在两人曾经一起数星星的草地上，借酒消愁……

阿轩，我马上就要回北京了，到时候我会打电话给你，你一定要接啊！

多少次，自己何尝不是想要打电话给她？可是她就如同断了线的风筝一样，杳无音信……唐轩继续往下看：

阿轩，我在美国生活得很好，你不用担心。至于林志远，他现在已经结婚了，他的妻子很漂亮，是一个美国人，现在他们有了两个非常可爱的宝宝。

唐轩错了，彻彻底底地错了，他所有的以为是在这一瞬间终于全部被击碎了，此时的他已经泪流满面……

阿轩，请让我再说一次"我爱你"！

最后，祝你工作顺利，天天开心！

唐轩啊唐轩，你怎么就那么轻易地放手了呢？他使劲地拍着自己的脑袋不停地问自己。这些年来，自己所有的努力都被这一封信击得粉碎，自己这么努力到底为了什么啊？唐轩又开始一个劲儿地自责起来。

接下来的日子里，尽管唐轩工作的时候还是显出非常认真的样子，可是他的头脑里总是不住地回想起孟菁菁的样子，她的一颦一笑、她的每一个动作、她的每一次撒娇都历历在目……

完美团队成功记
Perfect Group

35　又说龟兔赛跑

再说朱晓晓，尽管一直以来在公司总受到领导的好评，但毕竟不是科班出身，没有经过系统化的训练，虽然很多创意都很不错，但是在跟市场接轨的时候却总会遇到一些问题。理想化的状态与现实总会存在一定的误差，再加上上次在全国创意比赛上得了奖，公司内部一些有经验的员工就更是对她嫉妒有加，所以工作自然也不会特别地顺利。

这不，这次关于美国MNB公司的广告策划又被退回，明明是很多员工一块设计策划的，可到退回的时候，却把所有的埋怨都推到了她的身上，此时的朱晓晓非常委屈，于是就找到郑中华，想要他给自己评个公道。

走进郑中华办公室的时候，这个小女孩已经哭成了个泪人。

"还是个小孩子啊，"郑中华笑着摇了摇头，还是不知道职场的险恶，也不懂得掩饰自己的内心。

于是，他说："怎么了，晓晓？最近工作得不错嘛。上次那个合作方案多亏有了你才拿得下来，唐总不是在员工大会上还夸奖你了嘛！"

"我，就是，就是为这件事来的……"朱晓晓边说边把设计方案拿到郑中华面前，"他们都说这个方案做得不好是因为我……"说罢，又忍不住哭了起来。

"就因为这个事情啊！"郑中华边说边递了纸巾过去，"先把鼻涕擦擦，看，都成丑八怪了！"

"郑总，我不知道该怎么办，一直以来我都很用心地做事情，可是他们总是会找我的碴儿，我到底哪里做得不好？"朱晓晓说着，又忍不住流了眼泪。

"我给你讲一个故事吧。"郑中华说。

"故事？"晓晓有些惊讶，想起自己在小的时候每当受小朋友欺负的时候，妈妈总会把她拉回家，给她讲故事听，然后她就不哭了。

这时候，她抬头看了看眼前的郑总，他那眼神里有一种领导的关心，同时又透露出一种长辈对晚辈的宽慰。

"嗯，您讲。"朱晓晓擦了擦鼻涕说。

"呵呵。"郑中华笑了笑说，"这个故事很小的时候你就听过，是龟兔赛跑的故事——从前，有一只乌龟和一只兔子在互相争辩谁跑得快。它们决定来一场比赛分高下，选定了路线，就此起跑。

兔子带头冲出，奔驰了一阵子，眼看它已遥遥领先乌龟，心想，自己可以在树下坐一会儿，放松一下，然后再继续比赛。

兔子很快在树下就睡着了，而一路上笨手笨脚走来的乌龟则超越了它，不一会儿完成比赛，成为货真价实的冠军。等兔子一觉醒来，才发觉它输了。"

听了这个故事，朱晓晓更加疑惑了，说："您讲的这个故事我小的时候就听过的啊！"

"那你知道这个故事背后的哲理吗？"郑中华问。

"这个故事给我们的启示是缓慢且持续的人会赢得比赛。妈妈、老师都是这么给我们讲的。"朱晓晓回答。

"但这个故事接下来会有一个更加有趣的版本，你听我接着说——兔子因输了比赛而备感失望，为此它做了些缺失预防工作。它很清楚，失败是因它太有信心、大意以及散漫。如果它不自认一切都是理所当然的，乌龟是不可能打败它的。因此，它单挑乌龟再来一场比赛，而乌龟也同意。这次，兔子全力以赴，从头到尾，一口气跑完，领先乌龟好几公里。"

郑中华刚说完，朱晓晓就说："这个我也知道，它说的是如果一个人动作快且前后一致就一定能够胜过缓慢且持续的人。"

"很好，"郑中华又补充道，"也就是说，如果在我们的公司里有两个人，一个缓慢，按部就班，且可靠；另一个则是动作快，且办事还算牢靠，那么动作快且牢靠的人就会在组织中一直往上爬，升迁的速度比那缓慢且按部就班办事的人快。因

此，缓慢且持续固然很好，但动作快且牢靠则更胜一筹。"

朱晓晓点了点头。

郑中华又接着说："这故事还没完。这下轮到乌龟好好检讨了，它很清楚，照目前的比赛方法，它不可能击败兔子。它想了一会儿，然后单挑兔子再来一场比赛，但是要在另一条稍许不同的路线上。兔子同意，然后两者同时出发。

"为了确保自己立下的承诺——从头到尾要一直快速前进，兔子飞驰而出，疾速奔跑，直到碰到一条宽阔的河流。而比赛的终点就在几公里外的河对面。兔子呆坐在那里，一时不知怎么办。这时候，乌龟却一路姗姗而来，跳入河里，游到对岸，继续爬行，完成比赛。"

说罢，郑中华微笑地看着朱晓晓，似乎在问：这个故事又说明了什么？

"是不是说，我们在工作的时候，一定要辨识出自己的核心竞争力，然后改变游戏场所，以利于发挥自己的核心竞争力？"朱晓晓说。

"你很聪明，"郑中华接着说，"在公司工作的这段时间，你一直都是一个能言善道的人，也很会想法子创造机会，好好表现自己。从性格上分析，你比较像我们所说的孔雀性格的人。所以，公司领导也非常看重你，给你机会让你能够依着自己的优势去工作，从而也大大地给你创造了成长和进步的机会。"

"是的，所以这点我也非常感谢公司，自己也会更加努力地工作。"朱晓晓说。

"别急，我们这个故事还没结束。"郑中华接着说，"由于以上几场比赛，兔子和乌龟成了惺惺相惜的好朋友。它们一起检讨，打算共同进步。同时它们两个都很清楚，在上几次的比赛中，它们可以表现得更好。所以，它们决定再赛一场，但这次是团队合作。它们一起出发，这次可是兔子扛着乌龟，直到河边。在那里，乌龟接手，驮着兔子过河。到了河对岸，兔子再次扛着乌龟，两个一起抵达终点。比起前几次，它们都感受到了一种更大的成就感。"

故事讲完了，朱晓晓的脸上也露出了笑容，她已经知道郑中华想要对她说什么了，但这一次她没有说话，而是深深地鞠了一躬，说了句："谢谢郑总！我终于明白了！"话毕，便走出了办公室。

郑中华笑了笑，低下头在一张纸的最后一角签了个"同意"。

这一次朱晓晓终于明白了——在一个团队中，个人表现优异与拥有强大的核心竞争力固然不错，但除非你能在一个团队内与别人同心协力，并掌控彼此间的核心竞争力，否则你将永远不能做到最好。因为你总会在一些状况下，技不如人，而别人却干得蛮好……

有些时候，团队中的每个成员可能因为能力、意愿以及态度的不同，对于工作所发挥的效能也参差不齐。这个时候，引导团队中的成员彼此合作、共同进步是非常重要的。

毕竟，每一个人都不可能是全才，不可能解决企业当中的所有问题，所以才会有了岗位区分制。每一个员工根据自身的优势以及经验值被合理分配到各个部门，定然会有强于他人的地方。但一项任务的完成，甚至是一个企业的发展，不是只靠一个部门就可以的。这就需要不同部门不同个体之间的有效配合，只有这样，才可能出现1+1>2的结果，才可能为自己、为企业创造出最大的价值！

另外，从个人角度来讲，当自己的能力不足以促进事物很好发展的时候，不妨考虑借用一下同事的力量，使工作更加持续有效地进行。在彼此合作的过程中，如果双方都能够毫不保留地发挥自己各方面的优势，最终得到的结果定然会超出预期的想象！那么，对于过程中的合作双方来说，这就又是一次成长道路上的共赢。

所以，合理调整团队彼此之间的竞争差，有效提高团队个体之间的协同作用，对于每一个企业来说都势在必行。并且也只有这样，企业内部才会形成一种良性的循环，企业本身才会更加持续稳定地发展。

完美团队成功记
Perfect Group

36　土豆和洋葱的笑话

受孟菁菁的影响，唐轩这几天的工作状态大不如前。孙志也从侧面了解到唐轩最近是为感情而发愁。

看来真的是英雄难过美人关啊！孙志想。于是他决定去劝劝唐轩。这天，孙志走进唐轩的办公室，坐下来。

当他看到桌子上的那个相框的时候，故意说："这个相框好特别啊，我要拿到我办公室里去！"说罢，就把相框拿到手中。

"别动那个相框！"唐轩立马站了起来，着实把孙志吓了一跳。

"唐兄最近有什么心事啊！"孙志又一副嬉皮笑脸的样子。

"嗯。"唐轩心不在焉地回答，显然他不想让别人知道这个事情。

"唉，我最近也遇到了比较棘手的问题。"孙志故意叹气地说。

毕竟是公司的领导，作为孙志的上司，听到这个，唐轩还是抬起了头，问道："有什么问题能让你这个乐天派唉声叹气呀？"

"这事可就说来话长了，"孙志故意卖了个关子，说，"最近我老妈总是打电话过来，说是快过年了，让我把女朋友领回家，我这可上哪里去找啊？"

唐轩笑了笑，说："你也老大不小的了，条件也不错，怎么还没有女朋友啊？"

孙志说："我看上的人家看不上我，喜欢我的我又没感觉，总不能为结婚而结

婚吧！"

"也是啊！"唐轩说，"虽然说婚姻是爱情的坟墓，但没有感情的婚姻将会是坟墓里的噩梦！"

"唐兄的这句话经典！"孙志叫了起来，接着就说，"光说我了，你那么有才，怎么还不给自己落个户、安个家啊？"

"这不已经老了嘛，哪还有心思想这个。"唐轩故意说。

"不是吧？"孙志一脸坏笑。

唐轩听得出孙志话里有话，于是就说："有什么话你就直接说吧！"

"唐兄啊，看你这些天挺郁闷的，我就给你讲一个笑话吧！"孙志说。

唐轩看了看孙志，没有同意，也没有拒绝。

于是，孙志就说：

从前，有一个土豆非常喜欢洋葱，可是它觉得自己长得土，并且还姓土，就觉得很自卑，认为自己配不上洋葱。于是，它每天都在想，自己怎样才能够洋气一点呢？

它每天想啊想，终于有一天，上帝被它的执着打动了，就把它变成了洋芋。

虽然身材小了很多，但终于变得洋气了些，于是它非常高兴，就向洋葱求婚，洋葱也痛快地答应了。

新婚洞房的那天晚上，洋葱对它说："亲爱的，我有一个秘密要告诉你。"

土豆点了点头，洋葱又接着说："其实，在你身材很魁梧的时候，我就已经喜欢上了你……"

刚讲完，孙志就哈哈哈地笑了起来："你说，好不好笑？"

"不过就是个冷笑话嘛。"唐轩没有表情地说。

突然，他明白了，孙志想用一个笑话来告诉自己，不管自己是土豆还是洋芋，洋葱都依然爱着自己！

孟菁菁——他的脑海中又深深地烙上了这三个字……

唐轩朝孙志笑了笑，孙志也朝唐轩笑了笑，两个聪明的男人用一种默契的眼神解开了彼此的心结。

接下来的日子忙碌而又充实。

唐轩的脸上也越来越多地洋溢着掩藏不住的笑意，不仅是因为GAC的业务越做越大，更多是因为有了爱情的滋润——那个飞了很远的风筝，终于回来了！

在年终总结大会上，GAC所有的员工都吃到了唐轩的订婚喜糖。

此时的唐轩被爱情包裹得严严实实，这个谨慎又不失优雅、怀才又不奢华的好男人终于获得了爱情事业的双丰收！

之后，是短暂而又传统的新年小假。

除夕夜，当新年钟声敲响的那一刻，一直以来埋藏在唐轩心里的石头终于变成一大团的棉花，柔软而又轻松……

年后，由于JACK旗下又发展了多家分公司，郑中华被调回了美国总部。

祁邵阳也由于种种原因被调回北京总部。

GAC设计部的工作全权由朱晓晓负责，沙子瑄也荣升为公司人力资源经理。

以唐轩、孙志、朱晓晓、沙子瑄为首的GAC四剑客团队终于组成！

完美团队成功记
Perfect Group

37　飘走的爱情

中午，朱晓晓和沙子瑄正在吃饭，就听见顾扬大老远地喊："朱——总监！"晓晓看了他一眼没有说话。

可谁知，这小子却死皮赖脸地把饭盒放到她俩面前，狼吞虎咽地吃了起来。边吃还边说："都说新官上任三把火，您二位这三把火可准备怎么个烧法啊？"

朱晓晓生气地说："头一把火就是先把你给烧了！"

"我倒想有这个福气啊，可是恐怕轮不到我了！"顾扬叹了口气。

"你这是什么意思？"沙子瑄问。

"我爸在北京新开发了一个项目，准备让我去负责。"顾扬说。

"那就是说你要离开公司了？"朱晓晓停下来吃饭的动作，问道。

"可能就这几天吧！"顾扬又一脸坏笑地说，"难道你就一点都不想我留下？"

"鬼才想让你留下呢。"朱晓晓嘴硬地说，接着她低下头扒拉饭，不理顾扬。

顾扬眼神一下子暗了下来，也不说话，继续吃饭。

沙子瑄可以感受到，三个人吃饭的气氛有点尴尬。

中午的时候，沙子瑄跟朱晓晓一块儿坐到公司楼顶的天台上。

这时，沙子瑄对朱晓晓说："我看得出来，顾扬喜欢你。"

"你别瞎说，他才不会呢！"朱晓晓喃喃地又说道，"一副坏坏的样子，我才不会喜欢这样的人！"

"其实顾扬只是嘴上坏了点，不过他也只有对你的时候才会这样子啊！"沙子瑄说。

聪明的晓晓又何尝不知道顾扬喜欢自己呢？不过她就是不明白既然顾扬喜欢自己，又怎么会处处跟自己作对？难道喜欢一个人就不能好好地和她相处吗？没有恋爱经验的晓晓不知道——当一个男孩喜欢跟一个女孩子作对的时候，往往就是最喜欢她的时候！

两天之后，顾扬办好了离职的手续。

当他从沙子瑄手里接过离职证明的时候，说："明天早上我就要去北京了，今天晚上在我家有个聚会，到时候，你跟晓晓都过来。"

沙子瑄点了点头，答应了。

晚上，沙子瑄跟朱晓晓一块儿到了顾扬家。

一走进这个豪华的别墅，她俩就不住地惊叹，原来这小子还真是个有钱的主！

晚上的聚会是在顾扬家的后花园办的。来了很多的人，大多数晓晓都不认识。GAC的员工也就她、沙子瑄、蔡新龙和顾扬四个人。

从开始到结束，晓晓和沙子瑄都感觉很不自然。顾扬为了应酬其他的同学又不能够一直顾着这边，不过幸好有蔡新龙在，他们三个坐在一起开始玩起了纸牌。

很快，10点多了，沙子瑄打了一个哈欠，晓晓看了看表，说："不早了，我们回去吧！"于是，三人起身。

"我们去跟顾扬打个招呼吧！"蔡新龙说。

"也好。"沙子瑄说着就拉着晓晓走了过去。

"不早了，我们要走了。"子说。

这时候，顾扬转过身，温柔地看着晓晓，说："能不能再等一下，待会儿我送你们回去。"

这时候的顾扬跟平时判若两人，子不好说什么，她眼睛看着晓晓，似乎是在告诉她就按照顾扬说的办吧！

朱晓晓点了点头。

在送他们回家的路上，顾扬先把沙子瑄送回了家，然后又顺路把朱晓晓送回了家。

在朱晓晓下车的一刻，顾扬也拉开了车门，走了出来。

"我家就在前面，你不用送我的。"朱晓晓说。

"我有话对你说。"顾扬轻轻地说。

朱晓晓站住了，看着顾扬，似乎知道他要说什么，似乎又不明白他想说什么。

"晓晓。"听到顾扬第一次这么叫自己，朱晓晓的脸一下子就红了，幸好路边的灯光不是很亮，顾扬也看不出来。接着，顾扬又说："其实，我很喜欢你。"

他终于说了出来，朱晓晓瞬间感动了一下。尽管自己朦胧之中可以感受到这个事实，可是当顾扬真正说出来的时候，朱晓晓还是有些不知所措。

"哦。"朱晓晓应了一声，不知道说些什么。

两个人就这么僵持了30秒钟，朱晓晓说："谢谢你！祝你一路顺风！"

然后，扭头进了小区大门。

只剩下顾扬愣愣地站在那里，他不知道自己究竟是怎么了，也不知道朱晓晓到底喜不喜欢自己，或许自己是自作多情，此时的他，显得那么失落。

蔡新龙在车里看着外边发生的一切，生气地说："顾扬，你这个大笨蛋！"说完，又想了想自己，又何尝不是如此呢?

他知道自己一直以来都是喜欢沙子瑄的，可是现在的他一无所有，就连房子还有10年的房贷没还清，又怎么能够给她想要的幸福?

在送蔡新龙回家的路上，两个男人一句话没有说。

很快，蔡新龙家到了。他没有立刻下车，而是握着顾扬的手说："兄弟，你就放心地去吧，这边我会帮你照顾朱晓晓的。"那表情就跟生离死别一般。

顾扬点了点头，没有看蔡新龙，因为他怕自己不争气的眼泪掉下来——男儿有泪不轻弹，他转了一下眼珠子，终于忍了进去。

蔡新龙下了车，顾扬却没有直接回家。

他又把车开到朱晓晓家小区门口，本来想把一份礼物送到她家门口，可是小区大门已经紧锁，他只能遗憾地离开。

完美团队成功记
Perfect Group

38 关于爱情的那些感动

顾扬走了，之后的日子依然是那么平静。不过，蔡新龙似乎更加卖命地工作了，很快就被提升为外联部副部长。

经常地，蔡新龙会找机会约沙子瑄和朱晓晓一块儿吃饭，说是顾扬走的时候特意交代的，一定要照顾好她们两个。

渐渐地，朱晓晓有点想念顾扬了。虽然他在的时候两个人总是拌嘴，可总是笑声不断。有时候顾扬也会惹她生气，但随后总会给她买她最喜欢的冰淇淋让她开心。

晓晓还记得这么一个冷笑话——麒麟飞到北极变成了什么？——冰淇淋！

还记得他们两个总是不厌其烦地说一个很冷很无厘头的笑话。

每一次都是顾扬先问："西红柿和巧克力打架，巧克力赢了，打一好吃的！"

然后朱晓晓就会说："巧克力棒！"

之后，朱晓晓又问："那么，西红柿和巧克力打架，巧克力又赢了，打一好吃的！"

顾扬会说："巧克力棒棒！"

最后顾扬又会问："最后一次，巧克力又赢了！"

朱晓晓抢着说："番茄酱！"

然后，两个人哈哈大笑，开心地一块儿去买巧克力棒吃……

重复的笑话，重复的笑声，重复的人，却有着永远不会重复的新鲜。

总之，跟顾扬在一起的时候，朱晓晓总会咯咯地笑个不停。

而此时的蔡新龙，也总是有事没事地往人力资源处跑，找一些借口跟沙子瑄聊一些有的没的。刚开始的时候，沙子瑄还是板着脸让他回去好好工作，但日子久了，也就习惯了这小子时不时带给自己的欢乐。

当然，对于这些沙子瑄可能只是觉得蔡新龙是一个可以聊得来的朋友，但对于蔡新龙来说，这是一个自己喜欢了很久的女孩子对自己的认可。

也可能旁观者清的缘故吧！有一天，朱晓晓笑着对沙子瑄说："子瑄姐，可是有人喜欢你啦？"

沙子瑄一脸严肃地说："你可别胡说。"

朱晓晓却说："我可是看得清清楚楚，蔡新龙，他喜欢你！"

沙子瑄这个时候才意识到，原来一直以来蔡新龙找那些蹩脚的笑话都是因为想要逗她开心，都是因为他喜欢她！

沙子瑄也不说话了。

两个人就这样子沉默了好久，终于，朱晓晓说："原来那句话说得没错——朋友之间并不是在一起就有说不完的话，而是即便不说话也不会感到尴尬！"

晚上的时候，朱晓晓接到郑中华的电话，说是有一个美方的策划邀请函发到了她的邮箱，让她查收一下。

当朱晓晓打开自己邮箱的一瞬间，彻底地惊呆了！平时不怎么打开的邮箱里躺着100多封未读邮件，都是顾扬发过来的！

她一个一个地点开：

晓晓：

今天我刚到北京，就开始想你，一直到晚上都是这样……

我想你那生气时噘起的小嘴，想你那高兴时咯咯的笑声……

晓晓：

今天早上一醒来，就满脑子都是你，在同一个公司的时候我不觉得，离开之后才越来越发现我喜欢你……

晓晓：

今天我在街上正走着，看到一个人的背影跟你的一样，就走上前去，拉了她一下，没想到被别人骂成了神经病……

晓晓：

今天是愚人节，还记得去年的时候，你刚进公司，我在你的饼干里挤了牙膏，你发现后非要我把饼干吃掉。直到现在，我吃饼干的时候还是可以闻到牙膏的味道……

看着看着，朱晓晓的眼圈红了，接着开始泣不成声，又接着号啕大哭起来……

最后一封：

晓晓：

今天我谈下来一笔业务，可是自己却一点都不开心，因为没有你的祝福，为什么我写了这么多的信，你却一封都没有回……

朱晓晓再也忍不住了，她拨通了顾扬的手机，可是，没有人接。

过了一会儿，她的手机响了，一看，是顾扬打过来的。

朱晓晓按下接听，抑制不住地说："顾扬你怎么那么傻啊？不知道我从来不看邮箱的吗？"

顾扬在那边嘿嘿一笑，说："我知道。"

"知道你还发？"朱晓晓问。

"傻瓜，这样才能把你给感动啊！"顾扬还是那一副坏坏的样子。

电话里边顾扬说，再过一段时间自己就要回杭州了，到时候就把晓晓带回家介绍给自己的父母。

只听朱晓晓又在这边咯咯咯地笑了起来。

完美团队成功记
Perfect Group

39　孙志的房子理论

　　话说唐轩和孟菁菁订婚之后，孙志一个"洋葱和土豆"的笑话已经成为孟菁菁和唐轩重归于好的纪念。每一次孟菁菁跟姐妹聊天谈到爱情的时候都会忍不住把这个笑话拿出来讲给她们听。

　　说得多了，姐妹当中自然会有人想要见一下孙志本人。

　　后经孟菁菁和唐轩的多次撮合，孙志终于赢得一姑娘的芳心。

　　说来也巧，那天他们见面刚好下雨，而两人都没带伞，于是就只好在餐厅里一直坐到打烊。

　　临走的时候雨还没有停，孙志说："你等我一下。"于是他就冲出去了。

　　过了一会儿，孙志拿了一把伞回来。这时候他的身上已经全湿透了。

　　姑娘就问："你从哪里拿的伞啊？"

　　孙志说："便利商店里买的。"

　　姑娘又说："那你怎么没买两把？"

　　孙志拍一下脑袋，大声说："哎呀，我怎么没有想到啊！光顾着想你没带伞了，忘了我也没伞！"说完，冲着姑娘傻傻地笑了。

　　傻人有傻福，这话一点儿也不假，孙志这一笑，还真让姑娘动了心。

　　后来，同事都开玩笑说，孙志省了一把伞钱，还捞回一个老婆，真是讨了个大便宜！

之后，两人感情迅速升温，决定一个月之后登记结婚！

孙志这小子，办什么事情都是这么心急，就连婚姻大事都如此迅速。不过，孙志也有他的说法，说结婚这事是老妈硬逼的，跟自己急脾气没关系，本来自己还想等等的，可老妈竟连同丈母娘"双管齐下"进行逼婚！反正是要结的，那就遂了老人的心愿，早点办算了！

一天中午，唐轩吃过午饭从孙志办公室经过，见他在纸上匆匆忙忙地画着什么。

唐轩心想，这小子又有什么着急的事情了，连饭也顾不得吃，于是便走了进去。

只见孙志在白纸上写道：

> 在同样的时间里生产更多的商品，
> 就可以获得更多的利润回报；
> 在同样的生命里拥有更多的成就；
> 就可以站在更高的平台上享受！

下边是一连串的阿拉伯数字，以及一些类似的抛物线……

"又有什么事情让我们的孙大圣烦恼了啊？"唐轩开玩笑地说，"甜蜜的爱情都不能填满你额头上的一道道沟啊？"

"还不是经济危机，股票大跌，存在股市里的那点钱也全都给套牢了，现在想抽出来又不甘心，放在那里吧，又不放心。"孙志叹着气说，"现在就连乌龟都能拆了又盖，盖了又拆的！"

"什么乌龟盖了又拆的啊？"唐轩不解地问。

"难道唐兄你没有听过那个笑话吗？"孙志问。

"什么笑话啊？"唐轩更加疑惑了。

或许吧，唐轩本来就是一个学术派的管理者，对于一些江湖上的野味还不甚了解。

于是，孙志就说："是很久之前一直盛传的一个冷笑话啦！说的是一只乌龟盖房子——打一药品。"

"打一药品，那是什么啊？"唐轩问。

"就是电视上很火的那个，整天做广告的，跟脑白金有一拼的。"孙志提示道。

唐轩摇了摇头，还是不知道。

"那个广告你还当作典型案例给我们分析过呢。"孙志说。

见唐轩还是想不出来，孙志就说："是'盖中盖'啦。"

"盖中盖？"唐轩又重复了一遍，之后就哈哈地笑了起来，边笑边说，"你小子，还真有意思！"

孙志见唐轩兴致来了，索性就讲下去，说："接着还有呢，这只乌龟把房子拆了又盖——还是打一药品。"

"怎么又盖？"唐轩想了想，摇了摇头。

"你好好想想，它把旧房子拆了，又盖……"孙志提示他。

"哦，是'新盖中盖'！"唐轩恍然大悟。

"别急，这个接着还有呢！"孙志说。

这时候，唐轩却发话了："是不是这只乌龟又把房子拆了又盖？"孙志点了点头。

"那就是'巨能盖'了！"唐轩说完，两个人便哈哈地笑了起来。

接着唐轩又说："不过，说起房子啊，前几天我在网上看到一个寓言，还真挺符合现在地产的一种发展模式的。"

"什么寓言，"此时孙志来了兴致，"唐兄不妨说来听听？"

完美团队成功记
Perfect Group

40 地产商的阴谋

这是一个关于猪、老鼠、王八、狐狸、狼和驴的故事:

猪通过勤劳致富有5元钱存在老鼠开的钱庄里。它打算拿这5元钱建一个小窝,大概要花2元买地,花3元搭窝。

王八是搞工程的,它想在猪身上挣更多的钱,于是找来当投资顾问的狐狸想办法。

狐狸说:这好办。于是它找来管地盘的狼和开钱庄的老鼠一起来商议。

结果王八从老鼠那里借来200元,用100元买了狼的地,花了3元把猪窝盖好,花了50元给了狐狸咨询服务费。

猪没有地,只好求王八把窝卖给它。王八要价500元,猪说自己只有5元买不起。

这时候狐狸说服猪去向老鼠借钱,老鼠答应借500元给猪,前提是要它连本带利还600元,可以分10年还清,并且产权证拿来抵押。结果成交。

猪到最后花了600元买来了猪窝,比它原来的计划高了120倍,猪努力了10年去挣钱还贷。在这场交易里面狼、老鼠、狐狸还有王八都挣了钱。

以后它们就按照这种方法不断地复制,后来越来越多的猪去贷款买房子了……

这时候,当商人的驴看到有机可乘,到老鼠那里贷了好多好多的款,把王八盖的房子全都买下来,然后以更高的价格卖给了猪。

猪的还贷期越来越长,吃得越来越差,小猪崽子也不敢生了。由于猪的数目

越来越少，狼觉得这样下去自己没有猪肉吃了，非饿死不可，于是开始调控，不让老鼠再借钱了。

但是王八还没有停止盖房，它把自己挣的钱和贷的钱全投入生产了。驴手上的猪窝囤积得很多，卖不动了被套牢了。结果老鼠、王八、还有驴都挣了好多的猪窝。钱到最后集中到狼手上……

这个故事当中，狼——是拥有地皮的老板，所以猪是一定要活下来的，如果猪都死了的话，那么狼也就失去了生存的意义。

老鼠——掌握着资本，狼管理着土地。如果不掺杂其他的人物关系，有了它们就有了全世界。

狐狸——只是一个中间人。拿了王八和驴的好处怎么能为猪说话呢？王八可以给你分成，驴可以给你折扣，猪能给你什么？靠动嘴皮子说话的人是不能无所畏惧的。

王八——没有钱，也没有地，但是它活得最好。每一分钱都是银行的，所以可以拿着钱给狼让它默许你的嚣张。王八再告诉老鼠，这钱是花在狼身上的，要钱没有，要命一条。只有涨价才能你好、我好、大家好。

驴——要么有背景，要么有灵敏的嗅觉。可以让房价在自己预测的范围内波动，从而鹬蚌相争，渔人得利。不过对于驴子而言，有一条高压线是万万碰不得的，那就是——炒股不要炒成股东，炒房不要炒成房东。

"可怜的猪啊，都被王八、狼给忽悠了！"孙志感叹道。

"哈哈哈，"唐轩笑道，"关键问题是，我们可以是一头猪，但是一定要有狼的思维。"

"是啊！"孙志赞同地说。

"不过，你小子，傻人有傻福，关于房子的问题，你也不用着急。我刚好有个朋友是做地产这一块的，过两天我帮你问问，看看有没有适合你的房源，或者优惠的政策。"唐轩说。

"那就先谢谢唐兄啦！"孙志笑着说。

唐轩开玩笑地说："不过你可不能够像乌龟一样，把房子拆了又盖，盖了又拆的，人家姑娘可不陪你瞎折腾啊！"

"哈哈哈，那是一定……"办公室里顿时响起了两个人敞亮而又痛快的笑声。

完美团队成功记
Perfect Group

41   究竟错在哪里？

进入GAC以来，尽管孙志从之前的领导者变为现在的职业经理人，但由于公司的不断发展和壮大，孙志在广告行业的知名度也越来越高，特别是由于唐轩和孟菁菁的撮合终成婚姻大事，孙志的日子过得是越来越滋润了！

"人生不就是这样的吗？"孙志想，"有点钱，又有点闲，但最重要的是有个温馨的家。"

话说得没错，当时孙志自己做公司时虽然是公司的一把手，但由于管理方面存在诸多缺陷，几年了，总是围着一个炉子转，公司的业务怎么都做不大，可每天还是忙个不停。

现在日子终于消停了，由于沿用GAC总部系统的管理方法，一年多来，公司很快由创业期进入快速成长期，业务量也有了明显的增加。每每想到这些的时候，孙志都会止不住地笑起来。

"孙总，这是您让我整理的资料。"沙子瑄走进来说。

"好的，先放这里吧。"孙志说。

因为唐轩到总部培训，所以一个多月以来，公司内部大大小小的事情都落在了孙志的肩上。

孙志本人也一改往日作风，没事就拿起几本管理方面的书拯救一下自己有勇无谋的小脑袋。这些日子，孙志也自以为把公司管理得有声有色。

这不明摆着吗，设计部一个月里连赶了三个单子，朱晓晓本人也工作得有声有色，都是自己管理有方啊！孙志这样想。

"唐总，这是您不在的一个月公司的业务状况和各个员工的表现汇总。"孙志把一份资料放到唐轩面前，原以为，唐轩会好好地表扬自己一下，没想到，唐轩看着看着却皱起了眉头。

"有什么不对的吗？"孙志问。

唐轩没有说话，越是这样孙志就越是着急，刚才那副得意扬扬的自信现在全都烟消云散了。

"你的组织能力还是不错的，我不在的这段时间里员工对你的评价也是蛮高的。"唐轩说。

这下子孙志悬着的心终于放了下来。

"不过，"唐轩接着说，"还是偏离了公司的方向啊！"

孙志有些不解，说："我完全是按照你说的做的啊！"

接着，他列出了唐轩临走时交代的三条组织能力的评判标准：

1. 老板离开公司1—2个月，企业照常运转；

2. 企业关键员工离职对企业没有影响；

3. 企业不会因为人才供应问题而影响战略的实现。

说罢，孙志拿着标准一条一条地对照，一一罗列了下来：

1. 在您不在的一个月里，公司不仅工作速度提高了30%，同时业务量也增加了20%；

2. 由于自己管理有方，企业内部并无重要员工出现离职情况；

3. 设计部新进两名员工，据朱晓晓反映表现良好，积极度也很高。

唐轩笑了笑说："你虽然严格执行我给你提出的要求，但却忘记了公司长远的战略目标。"

"战略目标？"孙志疑惑。

"是的，"唐轩说，"关于这个问题也是这次我去北京总部讨论的一个重要问题之一。这一年多的时间里，尽管公司业务量较预期有所增加，在珠三角也占领了大部分的市场份额，但却偏离了公司初步的战略方向啊！"

"难道公司不是以赢利为方向的吗？"孙志问。

"任何一个企业起初都是以赢利为自己的最终目标，但企业发展到一个新的阶段，特别是在转型期，就一定要制定一套新的运营体系与之匹配，否则，沿用之前的老体系到最后只能适得其反。"唐轩边说边对孙志说，"通知朱晓晓、沙子瑄，下午两点到会议室开会。"

42 土拨鼠到哪里去了?

下午两点，会议开始。

唐轩首先肯定了他们三人这一个月来的工作表现："在我不在公司的一个月里，你们表现都很好，孙志已经跟我讲了大概的情况，公司不管从运营层面来讲还是从业务量来讲都有了明显的增加，但是你们忘记了很重要的一项指标——就是公司未来的发展方向。首先，我来给你们讲一个简单的故事吧，或许从这里边你们可以明白一些道理。"

有三只猎狗追一只土拨鼠，土拨鼠钻进了树洞。这个树洞只有一个出口。不一会儿，突然从树洞里钻出一只兔子。兔子飞快地向前跑，并且爬上了另一棵大树。兔子爬到树上后，仓皇中没站稳掉了下来，砸晕了正仰头往上看的三只猎狗，最后兔子终于逃脱了。

故事讲完之后，唐轩问："这个故事有什么问题吗?"

"兔子不会爬树!"朱晓晓抢先说。

"还有呢?"唐轩笑着问。

"一只兔子不可能砸死三只猎狗吧?"孙志想了想说。

"还有呢?"唐轩继续问。

没有人回答，停了好一会，沙子瑄说："应该没有了吧!"

于是，唐轩说："其实还有一个问题你们没有提到，就是土拨鼠到哪里去了？"

"对啊！"孙志一拍脑袋，说："本来三只猎狗要追杀的是土拨鼠，结果由于兔子的出现，思路给岔开了，土拨鼠竟然从我们的视线范围消失了！"

"唐总，您讲这个故事应该还有别的用意吧？"沙子瑄若有所思地问。

"这个故事的本意是告诉我们，在追求人生目标的过程中，人们有时也会被途中的细枝末节和一些毫无意义的琐事分散了精力，扰乱了视线，以至于中途停顿下来，或走上岔路，而放弃了自己原先追求的目标。"唐轩说。

三个人都点了点头，均表示认同。

唐轩接着说："引申到今天会议的主题，这一个月的时间里，你们的工作量虽然有所增加，表面上看公司运营得也非常顺利，但却偏离了公司的战略性目标。"

"这个，怎么讲？"朱晓晓问。

"起初，公司在杭州建立华东地区的GAC运营中心，在很大一个程度上是因为GAC十几年的发展模式已经到了瓶颈，想要通过杭州优越的地理优势和令人向往的人文景观在广告行业开创一个新纪元。"唐轩说道。

"这个，你之前跟我们提到，说是公司想要以速食主义重复性运作的模式向国际化进军。"孙志说。

"嗯，是的。"沙子瑄和朱晓晓也都表示认同。

"既然你们都知道，那么看一下，这一个月你们接的单子还有既定的方案，跟公司日后的发展是不是接轨？"唐轩问。

"这个嘛，"孙志低下了头，他承认这一个月来虽然业务量有所增加，但客户群已经远远地偏离了GAC的客户标准。

"不过我们也是为了公司好啊！"孙志想要辩解。

"短期的利益并不一定能够带来长久的回报。"唐轩接着说，"如果一个公司在一开始就偏离了企业的定位，那么等到发展成熟之后再来调整就来不及了。"

"还有，朱晓晓。"唐轩的语气突然变得尖锐起来，言语之中可以感觉到生气的迹象。

"前一段时间有没有接到郑中华给你的邮件？"唐轩问道。

"邮件？"朱晓晓一时有点想不起来。

"没有？"唐轩又问。

"哦，好像是一个月以前了。"朱晓晓突然想到那天打开邮箱时候，看到满是顾扬的留言，也就把看邮件的事情抛到了脑后。

"邮件上都说了些什么？"唐轩问道。

"这个……"朱晓晓有些说不清楚了。其实，她压根儿就没打开过那封邮件，当然也就不知道说什么了。

"这是关于一个美国MNB公司举办的广告大赛。"唐轩接着说，"这次去北京也主要是为了讨论这个问题。本来公司是想把这个名额让给我们来做，同时也可以考察一下我们公司的实例操作，可是美方等了一个多月都没有收到我们这边的回应，于是取消了我们的参赛资格。总部对于这件事情非常生气，这一次研讨会上也着重批评了这件事情。"

朱晓晓低下了头，小声嘟囔了一句："邮箱里边邮件太多了，有的时候真的顾不上来。"

声音虽小，却还是被唐轩听到了。

"你说的这个问题也是现在很多人遇到的比较棘手的问题。"唐轩若有所思地说，态度也有所缓和。

孙志也说："是啊，每天邮箱里都被塞满了很多垃圾邮件，有的时候我们不自觉地就像你刚才讲的故事一样，明明去看一个文件，不知不觉却偏离了本身的方向。"

"邮件这个问题，你们私下里想办法解决。"唐轩说，"可是这一次的疏忽性质十分严重，不过鉴于你前一段时间表现还比较不错，我也就不多说你了，你自己回去好好检讨一下。"

这时，唐轩又说："这次，公司又收到美方的一份邀请函，是关于一个全球知名的广告策划方案，对于这个香饽饽，很多分公司都垂涎已久。为了检验一年多来我们公司的运营情况以及对于国际大赛的规则的适应能力，公司特意给了我们一个参赛的机会。待会儿，我把参赛的章程发给你们一份，这几天先考虑一下初步的运作方案。下周一我再跟你们商讨。"

在员工绩效目标实现的过程中，很容易出现"狸猫换太子"的状况，最终反馈到领导者面前的结果跟企业本身的战略性目标就会产生一定的差距。

有可能是因为重视眼前的利益而忽略了长远的目标，也有可能是因为一些障碍的误导转移了执行者本人的注意力。从而使事态的发展没有按照既定的大方向操作，最终导致的结果也许从短期来看只是微不足道的，但从长远来看却是不容忽视的！

为了防止此类事件的发生，企业的管理者应该充分考虑组织具备的必要条件，确保绩效目标的制定意义以及评分标准。并且，要对目标实现的过程进行定期的监控，与此同时，管理者也要及时询问目标达成的进度，一旦出现误差，及时进行跟进和调整。

另外，在执行的过程中管理者也要及时主动地与下属进行思想上的沟通，并说明目标设定的意义和执行的要求，这样才能将企业目标与个人目标强有力地结合在一起。

总之，企业的发展是一个漫长的过程，需要一个强有力的战略作为支撑，而中间所有的努力都必须围绕战略的方向进行，绝对不能够根据个人意愿行事，众说纷纭、各行其是只能让既定的目标成为海市蜃楼！

完美
Perfect
团队
成 Group
功
记

43　SWOT决战广告大赛

　　时间很快就过去了，这不，几个人又聚在会议室里商讨关于广告大赛的事情。

　　"相信这次比赛大家都有所了解了。"唐轩说，"接下来我们就来讨论一下具体的运作。"

　　"我觉得这次广告比赛对我们来说非同小可，所以一定要慎重对待。"孙志接着说，"正所谓知彼知己方能百战不殆，首先我们一定要知道这次参赛对手的背景以及他们的风格取向。"

　　"这个我不赞同，"朱晓晓说，"本身广告这东西，人与人的审美观就不相同，如果过多地了解对方，有可能会失去自己的风格，陷入一定的误区。"

　　"沙子瑄你有什么想法？"唐轩问沙子瑄。

　　"我觉得他们两个说的都有道理。"沙子瑄一点没有主见。

　　这个之前学设计的女孩，来到GAC之后最终确定为做人力资源，这也与她的性格有关，本身勤劳肯干，但最大的不足就是不能够很好地处理上下级的关系，尽管工作努力，但一直以来都给别人做了嫁衣。企业当中遇到这样的员工当然是好事情，但长此以往，在公司的地位恐怕不保啊！

　　对于这样的回答，唐轩并不十分满意。在他的印象里，沙子瑄一直都是一个非常有主见的女孩子，可是随着在GAC的时间越来越长，她分内的事情做得越多，对于公司建设性的意见也就越少。本来这次没有安排沙子瑄参与进来，可唐轩不忍心看着好好的苗子被万恶的职场生活给淹没掉了，于是，他决定会后找沙子瑄好好谈谈。

"仁者见仁，智者见智，创意灵感固然重要，但作为一场比赛而言，我们一定要明白比赛的意图和方向，以及对手的优势劣势，彼得·德鲁克也曾说过——模仿本身就是创新，所以，接下来我们就先重点分析一下现在我们公司所处的大致地位。"唐轩显然比较赞同孙志的观点。

于是，他边说边打开幻灯片：

SWOT分析法

SWOT四个英文字母分别代表：

1. 优势——Strength

2. 劣势——Weakness

3. 机会——Opportunity

4. 威胁——Threat

"所谓SWOT分析法又称为态势分析法，就是将与研究对象密切相关的各种主要内部优势、劣势、机会和威胁等，通过调查列举出来，并依照矩阵形式排列，然后用系统分析的思想，把各种因素相互匹配起来加以分析，从中得出一系列相应的结论，而结论通常带有一定的决策性。在这里边，S、W是内部因素，O、T是外部因素。"唐轩解释说。

接着，他又打开第二张幻灯片，说："接着我们来看一下。"

1. 优势与劣势分析（SW）

因为企业是一个整体，并且由于竞争优势来源广泛，所以，在做优劣势分析时必须从整个价值链的每个环节上，将企业与竞争对手做详细的对比。

优势是组织机构的内部因素，具体包括有利的竞争态势，充足的资金来源，良好的企业形象，技术力量，规模经济，市场份额，成本优势，广告攻势等。

劣势也是组织机构的内部因素，具体包括设备老化，管理混乱，缺少关键技术，资金短缺，经营不善，产品积压，竞争力差等。

2. 机会与威胁分析（OT）

机会和威胁分析将注意力放在外部环境的变化及对企业的可能影响上。

机会是组织机构的外部因素，具体包括新产品，新市场，新需求，外国市场壁垒解除，竞争对手失误等。

威胁也是组织机构的外部因素，具体包括新的竞争对手，替代产品增多，市场紧缩，行业政策变化，经济衰退，客户偏好改变，突发事件等。

"SWOT方法的优点在于考虑问题全面，是一种系统思维，而且可以把对问式的'诊断'和'处方'紧密结合在一起，条理清楚，便于检验。"唐轩边指着幻灯片边说。

"那么SWOT分析法是不是可以运用到各个方面？"孙志问。

"是的，由于SWOT具有广泛性和条理性，所以很多企业，包括个人都可以运用这种方法来找出自己的优势和劣势。"唐轩回答道。

"为了能够让你们更方便地分析出我们公司在所有竞争对手当中所处的地位，我给你们列了几条规则。"边说着，唐轩又打开了第三张幻灯片。

成功应用SWOT分析法的简单规则

1. 进行SWOT分析的时候必须对公司的优势与劣势有客观的认识。

2. 进行SWOT分析的时候必须区分公司的现状与前景。

3. 进行SWOT分析的时候必须考虑全面。

4. 进行SWOT分析的时候必须与竞争对手进行比较，不管是优于或是劣于你的竞争对手。

5. 保持SWOT分析法的简洁化，避免复杂化与过度分析。

6. SWOT分析法因人而异。

"为了让你们对于SWOT分析法有更深刻的了解以及能够更熟练地应用，孙志，你先在管理上用这种方法进行分析；朱晓晓你从设计的角度出发进行分析；沙子瑄你从个人角度出发进行分析。明天早上9点之前，沙子瑄你负责把所有分析结果送到我办公室。"唐轩说罢，又补充了一句，"散会。"

44   如何留住好员工？

第二天早上，沙子瑄来到唐轩办公室，把资料放到唐轩桌子上，转身准备离去。

"小沙，先等一下。"唐轩说道，"先坐下，我跟你聊聊。"

这时，唐轩把沙子瑄的个人分析放到最上边，上边写着：

个人分析

1. 内部环境分析：

Strengths：

生活态度比较积极，善于发现事物和环境积极的一面

喜欢思考问题，有一定的分析能力，并有寻根究底的兴趣，一定要将事情想清楚

有责任心、爱心，并且喜欢人力资源相关的工作

做事比较认真、踏实，有浓厚的学习兴趣和一定的实力

心思细腻，考虑问题比较细致

逻辑性和条理性较好，有一定的书面表达能力

待人真诚，踏实稳重

Weaknesses：

竞争意识不强，对环境资源的利用不够主动

口头表达有时过于细节化，不够简洁

做事不够果断，尤其事前做决定的时候总是犹豫不决

工作、学习有些保守，冒险精神不够，没有结合长远目标，创新能力有待提高

组织、管理人员的能力和经验欠缺

2．外部环境分析：

Opportunities：

进入GAC之后，由于系统的知识培训和宽广的社交平台，给自己提供了更多的机会，可以在更宽广的舞台展现个人优势

Threats：

单位里边优秀的人很多，自己由于性格原因在公司内部不能够和同事打成一片

"分析得还是比较透彻的。"唐轩点了点头，接着说，"这一段时间以来，你工作一直都比较认真，这点非常好，不过在同事中间可能有一些误会，还是要避免一下的。"

沙子瑄明白唐轩说的是前一段时间，她没有很好地处理新进员工与直接上级之间的关系，公司内部几个优秀骨干负气辞职，耽误了公司业务进展，从而引起了公司设计部和外联部对自己工作的不满。

不过想想，自己也确实够委屈的，尽管人力资源在外人来看是一个光鲜亮丽的岗位，其实内心的苦只有自己才知道。

对于一个企业而言，最难的管理就是人的管理。不仅要处理好上下级之间的关系，同时还要保证他们的工作能够顺利地进展。说实话，就是做得好，一切都是应该的；做得不好，则全部都是自己的错。

唐轩见沙子瑄没有说话，接着说道："上一次的事情我已经大致了解了，那次错也不全怪你，设计部和外联部也都有问题，不过人力资源部门就是公司的造血中心，在处理这种事情方面以后还是应该注意的。

"上次我去北京培训，关董给我们讲了一个故事，是讲一个老板如何留住好员工的。在GAC，不管是老板也好，还是中层干部也好，都应该具有决策者的意识，所以我把这个故事也分享给你，希望对你今后的工作能有帮助。"唐轩又说。

沙子瑄点了点头，说："谢谢唐总，您说。"

唐轩清了清嗓子，开始讲了。

一天，一只兔子在山洞前写文章，一只狼走了过来，问："兔子啊，你在干什么？"

答："写文章。"

问："什么题目？"

答："《浅谈兔子是怎样吃掉狼的》。"

狼哈哈大笑，表示不信，于是兔子把狼领进山洞。过了一会儿，兔子独自走出山洞，继续写文章。

一只野猪走了过来，问："兔子你在写什么？"

答："文章。"

问："题目是什么？"

答："《浅谈兔子是如何把野猪吃掉的》。"野猪不信，于是同样的事情又发生了。

最后，在山洞里，一只狮子在一堆白骨之间，满意地剔着牙读着兔子交给它的文章，题目是《一只动物，能力大小关键要看你的老板是谁》。

这只兔子有次不小心把真相告诉了它的一个兔子朋友，结果这个消息逐渐在森林中传播开来；狮子知道后非常生气，它告诉兔子："如果这个星期没有动物进洞，我就吃你。"

于是兔子继续在洞口写文章。这时，一只小鹿走过来，问："兔子，你在干什么啊？"

"写文章。"

"什么题目？"

"《浅谈兔子是怎样吃掉狼的》。"

"哈哈，这个事情全森林都知道啊，你别糊弄我了，我是不会进洞的！"

"我马上要退休了，狮子说要找个人顶替我，难道你不想这篇文章中的兔子变成小鹿吗？"小鹿想了想，终于忍不住诱惑，跟随兔子走进洞里。过了一会儿，兔子独自走出山洞，继续写文章。

后来，一只小马走过来，同样的事情再次发生了。最后，在山洞里，一只狮子在一堆白骨之间，满意地剔着牙读着兔子交给它的文章，题目是《如何发展下

线动物为老板提供食物》。

随着时间的推移，狮子越长越大，兔子提供的食物已远远不能填饱其肚子。一日，它告诉兔子："我的食物量要加倍，例如原来四天一只小鹿，现在要两天一只，如果一周之内改变不了局面我就吃你。"

于是，兔子离开洞口，跑进森林深处，它见到一只狼，就说："你相信兔子能轻松吃掉狼吗？"

狼哈哈大笑，表示不信，于是兔子把狼领进山洞。过了一会儿，兔子独自走出山洞，继续进入森林深处，这回它碰到一只野猪——"你相信兔子能轻松吃掉野猪吗？"野猪不信，于是同样的事情发生了。原来森林深处的动物并不知道兔子和狮子的故事。最后，在山洞里，一只狮子在一堆白骨之间，满意地剔着牙读着兔子交给它的文章，这次的题目是《如何实现由坐商到行商的转型，并为老板提供更多的食物》！

时间飞快，转眼之间，兔子在森林里的名气越来越大，因为大家都知道它有一个很厉害的老板，这只兔子开始横行霸道，欺上欺下，没有动物敢惹它。它时时想起和乌龟赛跑的羞辱，于是，它找到乌龟说："三天之内，见我老板！"说完扬长而去。乌龟难过地哭了，这时却碰到了一位猎人，乌龟把这事告诉了他。猎人哈哈大笑，于是森林里发生了一件重大事情。猎人披着狮子皮和乌龟一起在吃兔肉火锅，地下丢了半张纸片，上面歪歪扭扭地写着：山外青山楼外楼，强中还有强中手啊！

在很长一段时间里森林恢复了往日的宁静，兔子吃狼的故事似乎快要被大家忘记了，不过一只年轻的老虎在听说了这个故事后，被激发了灵感，于是它抓住了一只羚羊，对羚羊说："如果你像以前的兔子那样为我带来食物那我就不吃你。"于是，羚羊无奈地答应了老虎，而老虎也悠然自得地进了山洞。可是三天过去了，老虎也没有见羚羊领一只动物进洞。它实在憋不住了，便出来看看情况。但羚羊早已不在了，它异常愤怒。正在它暴跳如雷的时候，突然发现了羚羊写的一篇文章，题目是《想要做好老板先要懂得怎样留住员工》！

故事讲完了，唐轩没有像之前一样直接问沙子瑄听了这个故事后想到了什么，或是悟出了什么道理，而是说："故事本身都会有它自己想要表达的意思，每一个人也都会有自己不同的见解，就像人常说的——千个人眼中有一千个汉姆雷特。就比如'揠苗助长'告诉我们推进事业前进是正确的，但要正视规律；'刻舟求剑'告诉我们做事要与时俱进，但不可绝对地盲从；'掩耳盗铃'告诉我们，调查研究是正确的，但要实事求是；'自相矛盾'告诉我们，推销自己是正确的，但要客观看待事物的两面性……很多时候，古人并没有告诉我们什么是正确的，但却不厌其烦地指出什么是不正确的，这是因为他们知道，每个时代人们看待问题的角度和看待问题的方式都不一样，所以，他们只是在错误的拐弯处留下警示，以便让后人探索自己所处时代背景下的正确做法。"

在工作方面，沙子瑄一直以来都跟唐轩接触不多，在她的印象中，唐轩应该是一个话不多的谨慎男人，可是今天她才发现，这个看似斯文儒雅智慧的男人，原来也有这么流利的口才！

唐轩看着沙子瑄，接着说："好员工在每个人的眼中标准都不一样，你回去先草拟一份自己认为的好员工标准，下午的时候，交给我。"

到了下午，沙子瑄又来到唐轩的办公室。这一次她非常谨慎，想了整整一个中午，终于把自己认为好员工的标准整理了出来，大致如下：

1. 不忘初衷而虚心学习的员工
2. 有责任意识的员工
3. 自动、自发、没有任何借口的员工
4. 爱护企业，和企业成为一体的员工
5. 不自私而能为团体着想的员工
6. 随时随地都具备热忱的员工
7. 不墨守成规而经常出新的员工
8. 能做正确价值判断的员工
9. 有自主经营能力的员工
10. 能得体支持上司的员工
11. 有气概担当企业经营重任的员工

唐轩看着点了点头，真是一个聪明又勤奋的姑娘，他想。

接着他就问："那你知道应该怎样留住企业内部的优秀员工吗？"

沙子瑄想了想说："首先，要给员工一个良好的职业规划，如果公司想留住人才，一定要配合员工的规划，让他们有成长及发展的空间，有时候即使培训的内容跟

他们在公司的工作岗位没有直接的关系，也同样可以帮助其发展和鼓励学习精神。

其次，要了解员工，这个不仅表现在工作方面尽量地对他们关心，同时在生活上也要尽量与他们相处，比如在公司聚餐或者团体活动中，增加彼此交流的机会。

第三，就是要多跟员工沟通，不仅要维持好上下级之间的良好关系，同时，在决策的时候，尽量让员工参与，让他们感受到自己是被尊重的，这样也能让他们容易接受政策改变。"

看来沙子瑄绝对是做足了功课。听到沙子瑄回答得这么头头是道，唐轩心里想——如果她的过于理智和谨慎能跟朱晓晓的外向型活泼结合起来就更好了。

接着，他说："你分析得很对，但是你忘记了很重要的一个方面，那就是一定要让员工快乐地工作！"

说完之后，他稍微停顿了一下，想要给沙子瑄一点儿思考的空间。

"快乐地工作？"沙子瑄有些疑惑地问道。

或许在她的思想意识里，工作本身就是不得不面对的事情，这与快乐应该没多大关系吧？

唐轩似乎看透了她的心思，说道："生活和生存仅仅一字之差，却表明了两种人不同的价值观，也体现了两种不同阶层的人的生活质量。所以，让员工快乐工作的最主要动力，就是要给员工设定他们想要的梦想，并且帮助他们去实现它，让他们真正感受到企业的精神魅力。因为仅靠金钱上的激励最多只能够留住人而不能留住人心，一旦外界的薪酬高于其目前的薪酬水平，哪怕只有一点点，他都有可能跳槽，这对于企业来说是相当大的损失！"

沙子瑄点了点头，心里又多了一个重担似的。她又一次地认识到自己看待问题还是有些肤浅，并没有站在深层次上看到问题的本质，这可能跟自己对自己的定位有很大的关系吧！

当沙子瑄走出唐轩办公室的一刹那，沙子瑄决定———定要改变自己！

　　培养一个好员工需要很大的努力，留住一个好的员工需要花费更多的心思。那么，怎样才能留住一个跟企业未来发展前景相匹配、对分内工作兢兢业业又不乏创新能力的好员工呢？

　　这就需要管理者根据员工的不同需求匹配他们的愿望，换句话说，就是给予他们所需要的。当然，这并不是说员工想要什么就一定要给他们什么，而是要根据每一位员工追求的不同点，给他们相应方面的奖励。

　　比如说，一个酷爱学习、积极进取的员工，可以给他提供良好的外出培训机会，使他能够在本身的工作基础上更上一层楼，从而更好地为企业服务。对于物质方面比较重视的员工，可以适当地用一些物质上的奖励进行鼓励。

　　不过，管理者首先应该弄明白员工属于哪一种类型，如果没有经过详细的了解就妄下判断，则很容易适得其反，有可能让员工以为管理者不明白自己动力的根源，最终依旧导致人才的流失。

　　另外，企业本身也应该建立一种可以让员工引以为豪的文化和社会美誉度，让员工觉得在这个企业工作是一件多么幸福的事情，一旦企业的文化被员工认可，最终变成员工自己的文化，那么想要留住优秀的员工也就不是什么难事了。

完美团队成功记
Perfect Group

45　打造团队执行力

　　经过唐轩上次对SWOT分析法的合理运用，参赛的广告创意在一次次修改后终于通过了MNB公司大中华区的最终评审。近日，GAC总部接到消息，要求参赛的所有成员赴美国洛杉矶参加"洛杉矶国际广告节"。

　　听到这个消息之后，四个人别提多高兴了！这不，刚下班，四人就相约在"随你吧"，一边庆祝，一边商量行程安排。

　　四个人当中最激动、最兴奋的要数朱晓晓了，因为只有她一个人没有出过国。不过，其他三个人心里也美滋滋的，毕竟这次跟之前的留学或培训的性质是不一样的。

　　"这一段时间，大家工作都很努力。我们这一次能够赢得赴洛杉矶的参赛资格也是非常不容易的，全国也只有三个名额。所以，这一次的成功是大家共同努力的结果。"说罢，唐轩举起酒杯说，"让我们庆祝这次的胜利，干一杯！"

　　这应该是GAC分公司创办以来最大的一件事情了吧。孙志看着唐轩的脸上泛着红晕，说："唐兄啊，今天你可是破了戒的呀，之前都是以茶代酒，今天没人敬你，倒自己先干了。"

　　"你这小子，就会开玩笑。"唐轩又把酒杯满上说，"来，我敬你一杯！"说罢，一饮而尽。

　　"哈哈，"孙志笑了起来说，"这是我除上次参加唐兄订婚宴之后第一次看到你这么开心！"

看到两位领导兴致盎然，两位姑娘也开始你一杯我一杯地干了起来。

的确，能够作为GAC的代表参加这次国际广告节，对于一个刚组建不久的分公司来说真是一大件开心事！

酒过三巡，别看唐轩脸上通红，可心里却清楚得很，这时候，他又说："我们这次去美国，一去就是十几天，公司员工可能群龙无首，我还是有点放心不下啊！"

这时候，三人你看看我，我看看你，也都停止了饮酒。

是啊，这一次四人同行固然皆大欢喜，可对于公司的正常运转来说，绝对是一个极大的挑战！

"今天下午我也一直在考虑，接下来一段时间，怎样能让公司照常运转？此时授权已经来不及了，再说企业里边不可能每个人都能够成为我们授权的委托对象。所以这个时候，一定要打造员工的团队执行力！"唐轩说。

"为什么不打造他们的决策力呢？"孙志问。

"对呀，这样子的话我们以后的工作不更轻松些了吗？"沙子瑄也问道。

"打造决策力固然重要，但在有限的时间内再去寻找适合的人恐怕不容易，再说决策性的东西也不是谁都可以做的，一定需要一个漫长的过程和一些天分。"唐轩说。

三人也都点头同意。

"那我们应该怎么办呢？"朱晓晓问道。

"这个嘛，"唐轩故意卖了一个关子说，"等下我们先做个小游戏，到时候你们把这个游戏分享给你们部门的员工，就会有意想不到的效果。"

什么游戏这么神奇？三个人都有些迫不及待。

只见唐轩拿出三张纸，分给他们一人一张。

接着，他说："现在你们三个闭上眼睛，不要说话，听我的指令。"

三人不知道唐轩葫芦里卖的是什么药，但还是闭上了眼睛。

唐轩说："现在，请将你们手中的纸对折一遍，并在其左下角，撕去一个半径为1厘米的1/4圆。"

三个人都摸着黑，把自己手中的纸对折了一遍，又在自认为是左下角的地方，撕去了一个大约半径是1厘米的1/4圆。

接着，唐轩又说："现在，将你们手中的白纸再对折一遍，并在其右上角，撕去一个边长为1厘米的正方形。"

三人也很快照办了。

"好，现在请睁开眼睛，对照一下，你们手中的纸是否一样？"唐轩问。

三人面面相觑，的确，自己手中的纸跟其他人手中的纸有很大的差别，但他们还是不知道唐轩究竟想要说明什么。

这时，唐轩微笑地问："你们有谁能够肯定地说，自己手中的纸就是我想要的纸？"

没有人回答，但他们突然间有些明白了唐轩带领他们做这个游戏的意图。

孙志首先说："这个游戏跟你之前给我们公司员工做的同花顺的游戏有异曲同工之处。"

朱晓晓抢着说："在打造执行力的时候一定要告诉员工明确的方向！"

沙子瑄也不甘示弱地说："这个游戏也说明了执行不到位对于公司来讲有着非常巨大的危害！"

"大家有没有想到，为什么在执行过程中我让你们闭上眼睛而不是睁开眼睛？睁着眼睛跟闭着眼睛的区别是什么？"唐轩问到。

三人想了想，都摇了摇头。

唐轩说："当我们睁着眼睛执行的时候，我们时时刻刻都非常清楚，参与这个项目的有哪些人，我是什么角色，别人是什么角色，别人都做得如何，是怎么做的等等。

而闭上眼，我们就只顾自己手中的事情做得如何了，别人的事情就管得少。

那我们平时是睁眼还是闭眼的呢？

大多数是闭眼的。

为什么？

因为中国人有一种习惯——做好自己的事情，别人的事情少管！"

三个人都佩服地点了点头，孙志还故意竖起了大拇指，夸奖道："唐兄，你这解释，真精辟！"

四个人都笑了起来。

接着唐轩又问："为什么不让大家说话？"

"因为我们平常在执行任务的时候是不说话的。"沙子瑄说。

"那么说话和不说话的区别是什么？"唐轩又问道。

"如果我们在执行的时候能够说话，那么，当您一开口发出指令的时候，我们就会说您的指令不明确。然后，就有及时调整和沟通的机会，可以避免结果不一致了。"朱晓晓说。

"那我们平时执行的时候能说话么？会说话么？"唐轩又问。

"当然有！"孙志说。

"没有吧？"沙子瑄说。

在问题刚抛出的时候，唐轩就想到会有不同的结果，于是，他说："这个会不会说话的问题，更大程度上在于执行者个人的性格和习惯。

而中国人一般是很少会'反驳'上级的，如果在执行过程中说话，很大程度上会有'反驳'的感觉。所以作为管理者，我们不要指望所有的员工都有敢于说话的胆量和勇气！"

"不要指望所有的员工说话，是不是就是说在下达任务的时候就一定要清晰明确，强调执行的方向性和准确性，这样就会避免不必要的误差？"孙志问。

"嗯，从中国人性格的角度上讲是这样子的。"唐轩点着头说。

接着，他又说："其实对于员工而言，在执行的过程中也会碰到很多的细节问题，这就需要部门管理者在了解员工的性格之外，还要留心员工的做事风格，这样才会做出相对准确的判断！"

三人都做思考状。

唐轩又笑了起来："哈哈哈，换句话来讲，能够当GAC的员工，相对于一般的公司，素质和领悟能力本身就高，所以也不需要你们过分担忧！来，再干了这一杯！"说罢，又举起酒杯。

"好！干！"三个人又兴致勃勃地喝了起来。

　　团队执行力不仅表现为团队各成员做事情的能力，同样也表现为团队成员彼此之间的配合。

　　很多时候，成员表面上彼此之间都能按照既定的计划和任务行事，但因为缺乏必要的沟通和真实信息的反馈，经常会使团队如同一盘散沙，所得结果自然就会不尽如人意。

　　其实，团队执行力与领导力从来都不是孤立存在的，领导者和执行者也要将心比心，站在对方的角度用一种同理心态来对待别人，才会使工作更加畅快地进行。

　　那么，团队的领导者应该怎样做才能大大地提高团队成员之间的执行能力呢？

　　首先，领导者要为团队成员提供一个明确的方向，这个方向必须是经过努力之后可以看得见、摸得着的，让员工有一种共同的目标感和努力奋斗的使命感；

　　其次，在团队执行任务的时候保证每个人都能"睁开眼睛工作"，遇到不明白的或者有歧义的地方就要及时地进行沟通，以保证任务高效畅快地进行；

　　再次，在团队观点出现分歧的时候，一定要摆出自己的观点，并且分析其利害之处。之后，团队就可以共同商讨采取何种方法进行操作会更加合理一些；

　　最后，也是非常重要的一点，既然我们称之为团队执行力，就要求在执行的时候一定要做到步调一致，以快带慢，优劣互补，保证整个团队协调发展。

完美
Perfect
团队
成功
记 Group

46　　竞争对手的诱惑

再说唐轩、孙志、沙子瑄、朱晓晓四人从美国归来，可谓风光无限。当地电台、电视台竞相报道，终于有一个本土的公司可以在国际上崭露头角，况且还是象征脸面的广告行业，这当然会成为媒体竞相追逐的焦点。

不过，GAC向来做事比较低调，但现实就是这样，你越是回避，别人就会越是好奇。于是乎，若干日后，经过一番"小炒"，四个人的名字和经历背景很快就被登上了各个报纸的版面，四人成为广告行业竞相追捧的新一代宠儿。

尤其是朱晓晓，年纪轻轻，没什么行业经验和学历背景，竟然也是四大主角之一，自然会成为很多广告商想要挖墙脚的对象。

这天，朱晓晓又接到一个电话，美其名曰是要交流行业知识，说白了就是顺带着连人都给交流走的主。

人，往往都是这样，当诱惑来临的时候会很快条件反射般地回绝，但事后又会有些后悔。谎话说了一千遍就可以变成真理，更何况在金钱的面前，一次又一次的诱惑，一个年纪轻轻的姑娘怎么能够抵得住呢？

下班之后，朱晓晓如约赶到一家咖啡厅。本来她也不想来的，但毕竟之前也合作过某些项目，况且这个广告商不单单只有广告这一个行业，其背后的集团公司涉及房产、金融、外贸、服装等多个行业，这样的财富巨头，即便心里可以小小地蔑视，但嘴上还是要恭敬三分的。

那人已经坐在那里了，见朱晓晓走过来，笑着向她招了招手。他叫彭博，在广告行业已经有多年的经验，对于广告业的见解也是相当独到的。在没有进入GAC之前，朱晓晓就经常在电视上、报纸上看到他设计的广告以及他本人的一些采访记录。没想到，今天他能够主动约朱晓晓出来见面。

"喝点什么？"彭博见朱晓晓坐了下来，就问。

"随便。"朱晓晓说。

"服务员，来杯随便！"彭博说道。

"这……"站在旁边的服务员不知道他俩是在开玩笑还是在故意为难她。这时候，朱晓晓笑了起来，觉得这位前辈还真有点风趣，距离感一下子就拉近了。于是笑着说："一杯摩卡吧！"

"我来一杯蓝山。"彭博说道。

接着他又说："再来一个果盘吧！"

而后他又问朱晓晓："朱小姐，还没吃饭吧，要不先看吃点什么？"

"这个就不用了，待会儿几个朋友还要聚一下，饭就先免了吧。"朱晓晓说，接着她又问道，"彭总今天找我来，不会只是想要喝咖啡吧？"

"朱小姐真是爽快人啊！"彭博笑着说，"那我也就不拐弯抹角了。"

朱晓晓微笑地看着他，那眼神似乎已经知道他接下来想要说什么。

可彭博还是转了个弯："朱小姐这么年轻应该还没男朋友吧？"

朱晓晓笑着说："怎么，彭总想要给在下介绍一个？"

接着她又说："我看您平常工作这么忙，我个人的终身大事就不麻烦您操心了。"

"哈哈哈，"彭博先是笑了起来，说道，"我果真没看错人！"

接着他就说："我们公司的宗旨就是广纳人才，像朱小姐这么聪明能干的，如果到了我们公司，一定大有前途！"

朱晓晓觉得他这话说得有点过于自信了，难道在国际上已经有一定地位的GAC就没有前途了吗？于是，她故意问道："此话怎讲？"

这时候，彭博终于转入正题："朱小姐，在GAC年薪不高吧？"

的确，在GAC虽然自己现在已经是设计经理，但月工资加起来也就三千多，除掉日常的花销基本上也剩不了什么了。但朱晓晓还算比较满意的，在她的观念里，精神上富足远比物质上富足重要得多。一直以来，她都是这样认为的——人们追求财富的终点还是精神生活的富足！

"还好。"朱晓晓答道。

"像你这种年龄，花销应该挺大的，我们公司有很多小姑娘一个月五六千都还刷信用卡。"彭博开始丢诱饵，顺带着用了议论文中的举例子作为烘托。

"物质决定生活的品位，精神决定生活的质量。"朱晓晓宛然一笑说道。

接着她又说："钱固然很好，但很多东西也不是用钱就可以买得到的，譬如思想。"

她的这句话是有言外之意的，彭博也不笨，一下子就听了出来。不过他心里还是在想：人往往会拿一些冠冕堂皇的理由来掩饰自己最想要的东西，朱晓晓当然也不会例外。

于是，他就说："如果朱小姐不介意，到我们公司的话，年薪定在六位数以上。"

有的诱饵是需要掩藏着才会发挥作用的，但有的诱饵却需要说出来才能够产生效益。彭博心想——这个待遇对于一个工作不久的女孩来说一定是相当大的诱惑，即便表面上可能不动声色，但心里一定会乐开了花。

朱晓晓笑了笑，没有说话，这种笑完全出于礼貌。有不少公司也都用这种方式想要挖她过去，但她都没动心，这次当然也不例外。不过，她心里还是迅速地打了一个小算盘，数目可真不小啊，嘿嘿！

彭博见朱晓晓笑了，心想这事估计不会有太大的问题。毕竟，以自己多年的经验来看，没有人会跟钱过不去的。自己公司的那几个广告界精英，也都是用这种方法请来的。

这时，朱晓晓看了下表，说："差不多快七点了，我这边也还有约，彭总要没别的事的话，我就先撤了。"

彭博也起身说："刚好我也有事，我们一块儿走吧！服务员，买单！"于是，二人一块儿走出了咖啡厅。

"朱小姐，要不我用车送你一程吧？"彭博说。

"这个就不用了吧！我离这里很近的，再说您不是还有事情吗？"朱晓晓礼貌地回绝了。

彭博笑了笑，又说："刚才的事情你好好考虑一下，有事情，可以给我打电话。"

　　彭博这话说得可真是滴水不漏，他既没有说我会给你打电话，也没有说过两天给我答复，而是说有事情，可以打我电话。这里的事情，不就是刚才谈的事情吗？显然，彭博是故意装作不在意的样子，这既表现了一种明智，也表现了自己的气节。

　　朱晓晓笑了笑，说："嗯，那先再见！"

　　"再见！"彭博说。

47   要钱景还是要前景?

一天过去了,两天过去了,一个星期过去了,朱晓晓都没有打电话给彭博,这时候他倒真有些急了——本以为是理所当然的事情,怎么就会不灵验了呢?

其实这些天来,朱晓晓也一直在思考这个问题,究竟是要前景还是要钱景?

突然,她想到之前有位老师说过,这个世界上一切都可以交换,只是在于价格。她笑了笑,又想到一句话,在你最饥饿的时候,吃了一个窝头就会觉得很好吃,可是千万别以为这就是世界上最好吃的东西,前边还有更美味的饺子和面包……

朱晓晓摇了摇头,心想,竟然有这么大个儿的窝头,尽管自己的心思还是有点小动摇的,但她清楚,若不是GAC这么一个后台撑着,恐怕自己去找工作,都得唯唯诺诺地让对方三分。这时候,朱晓晓又想到了一个故事:

在一个森林里,有一只非常漂亮的孔雀,它有一个能说会道的秘书——兔子。这只孔雀在森林里开了一个美容店,由于服务周到、效果明显,森林里很多小动物都比较信任它,就连最勇猛的狮子也都经常向它请教。

由于兔子天生比较害怕狮子,所以每一次狮子来的时候,兔子都毕恭毕敬地喊:"狮子大王好!"

后来,狮子听到兔子向自己问好的时候也都笑脸相对。久而久之,兔子就以为狮子很尊敬自己,甚至还有点害怕自己了。于是走起路来开始大摇大摆的,也

不把其他的小动物放到眼里了。

终于有一天，兔子认为以自己的水平和影响力开一家美容店也一定能够赚钱。于是，它向孔雀辞了职，在森林的另一头，开了一家"兔子美容店"。

可是，店已经开张一个多月了，还是没有一个客人过来。兔子终于耐不住性子了，就打出了免费美容的广告。

听到这个消息，很多小动物都来凑热闹。可是兔子的水平怎么能够跟孔雀相比呢？很多小动物从它店里出来之后，都非常生气——自己不仅没有变得漂亮，反而更加难看了。

有一天，狮子想要试一试兔子的水平怎么样，也来做美容。最后，当狮子照镜子时，看到兔子把自己弄得那么丑，非常生气，大吼一声，就把兔子吃掉了！

"可怜的小兔子啊！"朱晓晓摇了摇头，"在不清楚自己能力的时候自高自大，等到送了小命时才知道后悔，可是已经晚了！"

这时候，朱晓晓电话响了，接听后，听到彭博的声音："朱小姐，有空没啊？一起喝杯咖啡吧！"

朱晓晓当然明白彭博的意思，但是她却说："非常感谢彭总对我的欣赏和关照！但是GAC的文化不仅吸引了我本人，而且还把我的心放在公司最信任的地方，所以……"

彭博自然也是一个明白人，听到这话，也不再多说什么了。

挂断电话之后，朱晓晓对着镜子里的自己，说："真不知道你做得对还是不对！"

也许，在钱景和前景面前，人们都会有很多不同的理念，一边是感恩，一边是金钱，遇到谁，都会犹豫一番呢。不过，在衡量这个事情的时候一定要考虑清楚自己所处的位置。是自己真正的实力可以让对方欣赏还是仅仅凭借一时的光环让对方夸奖？倘若是后者，还是不要轻举妄动为好！

在经历了这个事情之后，彭博对朱晓晓更加欣赏了——与其说是欣赏，倒不如说是佩服，毕竟这个社会上能够真正跟金钱说不的人还是不太多的。

或许有时候，受尊重比受欢迎更重要。只要能够经受得了诱惑的考验，人生又有什么可畏惧的呢？

　　每一个人在成长阶段都会经历重重困难，也会经历重重诱惑。

　　有的时候这种诱惑是随机性的，有可能你没有付出很多的努力，却意外得到了预料之外的好处，这个时候一定要慎重地考虑，因为即便是一个大的馅饼砸到了你的头上，也一定会先痛一下子的。

　　如果是你所付出的努力得到了周边人的认可，这个时候有人送到你嘴边一个香甜可口的馅饼，也不要盲目地就吞到肚子里去，因为这个世界上美味香甜的馅饼很多，如果现在手中的这个馅饼并不是你喜欢的口味，盲目地吞下只能占据有限的空间，一旦之后有你更加喜欢的馅饼就很可能因为心有余而力不足，错失良机！

　　特别是职场人士，每走一步都要认真地思考，这样才会更加扎实；每做出一个决定都要慎之又慎，这样才会减少出错的可能性。

　　倘若每一个人在面对诱惑的时候，都能先用一种理性的思维进行两方面的思考，将孰轻孰重分析清楚之后，做出最有效的判断和决策，就会避免日后回想起来时有不必要的后悔和自责。

　　所以，不管是前景也好，钱景也罢，我们并没有说哪个一定很好或者哪个一定不好，因为这两者本身都是相互影响的。只要你能够认清自己未来的发展方向，确立了明确清晰的行走路线，就应该耐得住诱惑，按照既定的方向前进！

完美团队成功记
Perfect Group

48　美好的爱情回来了

在蔡新龙还没有开始行动、沙子瑄感情还没有丝毫进展的时候，朱晓晓已经跟顾扬打得热火朝天。

每天煲电话粥不说，就连中午顾扬都经常来给朱晓晓送午餐。这冥冥之中也给沙子和蔡新龙创造了可以一块吃饭的机会。

公司里上上下下的人都羡慕死朱晓晓了，这么年轻的姑娘，一个人来杭州闯荡，在一年多的时间里成为GAC的设计部经理不说，就连男朋友都找得这么优秀！

不过，之前顾扬在公司的时候尽管跟公司上上下下都处得比较好，但那时没人觉得他多么优秀，主要还是他一副玩世不恭的样子，让人们觉得这个小伙子不踏实。

但出了GAC，顾扬那小子在北京待了大半年，回来的时候还真把公司的人吓了一跳——人变得成熟稳重多了。

就跟走的时候一样，顾扬回来的时候也大张旗鼓了一把。为了公开他和朱晓晓的关系，这不，请了GAC全体员工到市里最有名的饭店狠撮了一顿！

席间，顾扬大谈自己在北京的见闻和作为，三寸不烂之舌时不时地把所有的人逗得哈哈大笑。

这个时候，朱晓晓却一改往日的热闹，显得非常安静。

"小样，装什么淑女呢！"朱晓晓自嘲道。

　　不过，朱晓晓心里还真是有顾虑的。尽管两人两情相悦，但毕竟贫富差距如此之大，在骄傲的朱晓晓看来这简直是一条不可逾越的鸿沟！或许是电视剧看多了吧，一般有钱的阔少爷都是跟公主美满结合的，即便有时候跟灰姑娘情投意合，那也必定有意想不到的挫折！

　　想到马上就要去见顾扬的父母了，朱晓晓心里兴奋的同时又有一些担忧，尽管顾扬跟她讲了很多遍，自己的妈妈和蔼可亲，爸爸也平易近人，但在朱晓晓的心里，还是多多少少地有一些担忧。

　　有的人毕生追求的就是有的人与生俱来的——朱晓晓的脑海中突然跳出这么一句话，她无奈地摇了摇头。自己并不是一个认为做得好不如嫁得好的好女孩，可是，别人心里怎么想自己又怎么能够左右呢？也许，只有走自己的路，让别人打TAXI去吧！

　　这时候，只听席间有人说："顾扬，我们晓晓可是一个难得的好女孩子，你可一定要对她好啊！"

　　当然也有人说："晓晓，抓住了顾扬这个金龟婿，你今后的日子可就是神仙的日子了！"

　　总之，羡慕的、嫉妒的、祝福的话都有，不过酒桌上的话不必放在心上。

　　聚会结束的时候，已经是晚上10点多了，大家都纷纷离去了，只剩下顾扬和朱晓晓两人。此时的顾扬已经喝得酩酊大醉，估计也找不着北了。

　　无奈，朱晓晓只得亲自把顾扬送回家。

　　颤颤巍巍地把这个一米八的大个子扶出酒店，朱晓晓已经喘得上气不接下气了。

　　好不容易打了个车，把他塞进去，朱晓晓这时候才发现自己的生活真就如同小说一样精彩，又有一点点狼狈。

　　终于到了顾扬家门口，朱晓晓付了钱，把顾扬从车子里拉出来。这时候，她有点后悔了，真不该自己一个人送顾扬回家，如果让他父母见到了，肯定会对自己留下不好的印象。

　　但事已至此，也只有硬着头皮上了。朱晓晓按了门铃，开门的是他家的管家阿姨。

　　"少爷，你这是怎么了？"真是在电视里才能看到的情节啊，朱晓晓想。

　　在阿姨的帮助下，朱晓晓终于把顾扬抬到了他的房间。幸好顾扬父母都不在

家，也就避免了这次的正面接触。

"阿姨，时间不早了，我也该回去了！"朱晓晓生怕这个时候让顾扬爸妈撞个正着，于是赶忙道别。

完美团队成功记
Perfect Group

49　外来媳妇本地郎

回到家里，朱晓晓心里一直乱糟糟地想个不停。这时候，QQ在闪动，一看，原来是唐轩发过来的。

"回到家了？"唐轩说。

"嗯。"朱晓晓回答。

"今天就早点睡吧。"作为一个上司也作为一位长辈，唐轩说道。

"睡不着啊！"朱晓晓的言语之中似乎表明了有话要说。

"我不知道自己的爱情还能够走多远……"朱晓晓答道。

"傻姑娘，你怎么能这样子想呢！"唐轩笑着说。

"也不是我要这样想，而是现实决定我必须要这样想啊！"朱晓晓说。

"是不是想到外在条件上的差距啊？"唐轩问道。

"嗯。"朱晓晓点了点头。

小姑娘年纪轻轻的，考虑得还真挺多，唐轩想。

于是，他把孙志讲的那个"洋葱和土豆"的笑话讲给朱晓晓听。可是这一次朱晓晓没有笑，而是说："这也只是一个笑话啊！"

唐轩却说："而我曾经就是那个土豆！"

朱晓晓惊了一下，她一直都不知道唐轩的感情经历，听到这话，她似乎有点明白了什么。不过，她没有继续问——感情上的事情每个人都不一样，也不是谁都可以

说清楚的。

唐轩当然也没跟朱晓晓讲自己和孟菁菁的故事，因为他知道，朱晓晓是一个聪明的孩子，拿真实的案例讲给她还不如拿笑话开导她，此时的她应该知道笑话的含义了吧！

也许这个时候——授之以渔比授之以鱼更管用。罢了，唐轩又感慨到，管理学如此之渊博，其精髓到哪里都可以运用！

这天晚上，朱晓晓做了一个甜蜜的梦，梦里边有她和顾扬，也有微笑、有鲜花、有掌声……

有的时候，想得多了，心态还真就自然了。见到顾扬父母那天，朱晓晓还真像见到自己的叔叔阿姨一样，叽叽喳喳地说个不停，时不时地还咯咯咯地笑。

"我妈啊，就像在鲜花地里发现了个大萝卜一样地稀奇！"顾扬忍不住地说。

"你说谁是大萝卜？"没等朱晓晓开口，他妈妈反倒先说了一句。

只见顾扬吐了吐舌头，扮了个鬼脸不再说话。

"没想到啊，我的儿媳妇还是个名人呢！"顾扬妈妈说。

这时，朱晓晓疑惑了，有点不大理解这话的含义。

只听顾扬妈妈解释说："前几天，你们公司参加美国广告节走红地毯的现场直播啊，扬扬非要拉着我看，当时我还不知道他葫芦里卖的是什么药，可等到你们公司四个人在领奖发言时，扬扬就指着你说'妈，快看，这就是您未来的儿媳妇！'当时我还真以为他开玩笑呢！没想到啊，这小子，还真藏了一手！"说罢，还拍了拍顾扬的头，眼睛里流露着对自己儿子的赞赏。

看着这一切，朱晓晓想，自己在杭州这么久了，突然间有一种想要回家的冲动。这时，眼泪不自觉地就流了出来，她又赶紧扬了扬头，不想被人看出一丝的破绽。

"晓晓，是不是想家了啊？"顾扬妈妈真是一个细心的人，就连这么细微的动作都看了出来，接着她又说，"没关系的，以后就把这里当成你的家。你要是不嫌弃啊，我就认准你这个儿媳妇了！"

"怎么会呢，阿姨。"朱晓晓笑着说。

这时候，顾扬孩子般地站起来，使劲地喊："哈哈，我有老婆喽，我顾扬终于有老婆喽！"

"瞧这孩子！"顾扬妈妈有点责怪地说，语气里更多的还是疼爱。

从顾扬家出来的时候，朱晓晓就像做梦一样，没想到所有的好事情都落到了自己的头上。

相信奇迹的人，总会拥有奇迹的，朱晓晓心里想。这时候，她的脑海中又跳出这样一句话：我们最恐惧的事情不是能力不够，而是能力超过了界限……扪心自问，自己要成为怎样的人，智者、名人、伟人、天才？其实，哪一个又是做不到的呢？

这是她在一部电影中记下来的，猛然间，她又想到自己远在故乡的父母和要好的朋友们。已经很晚了，不能打电话打扰他们了，那就写一首诗吧！朱晓晓这样子想。

有人说
朋友不是在一起就有说不完的话
而是
即便不说话也不会感到尴尬

我要说
一个人时的笑声才是发自心底的快乐
一群人时的想念才是最本我的想念

所以
亲爱的朋友
即便你已经记不清楚他的容颜
也要记得他的声音

或许有一天
当一个熟悉的声音穿过你的听觉
那种莫名的感动就会感染你所有的
流浪的心情

也许此刻的自己，应该用一种飞翔的姿势去试着奔跑，即便跑不出火箭一样的速度，也会有出乎意料的所得……

朱晓晓边想着边甜蜜地笑了……

完美团队成功记
Perfect Group

50   沙子瑄，爱情还会遥远吗？

　　事到这里，似乎所有的人都有了一个完美的爱情，只有沙子瑄，这个一直勤勤恳恳、兢兢业业的小姑娘还一个人寂寞到天亮……

　　俗话说男大当婚，女大当嫁，眼看着自己的女儿快要奔三了，还没有合适的男朋友，父母心里自然着急。

　　自古以来，做父母的，都有一种忧患意识，自己这一辈子就这么过去了，孩子的一辈子可不能这么折腾，起码也要比自己的日子舒坦一些，但这个舒坦，每个做家长的都有自己的标准，沙妈妈自然也不例外。

　　说起来也好笑，自从沙妈妈看了《非诚勿扰》之后，就整天在想——那么一个丑的老男人都找了一个如花似玉的姑娘，自己的女儿这么听话乖巧，那一定能够找到一个如意郎君。

　　也罢，人都有一个思维惯性，那就是庄稼都是别人的好，孩子都是自己的好。

　　不过，这么一想，沙妈妈又有点担忧起来，丑男……自己女儿该不会就是故事中的女主人公吧？

　　有时候想想，老人们的思想也真是有趣，可能是在家待的时间多了，所以无聊的时候总会想些让人觉得匪夷所思的事情。特别是看到邻居家的谁谁谁结婚了，谁谁谁又抱了一个大胖小子，沙妈妈的心总也消停不下来。这不，就连晚饭的时候都忘不了给自己女儿做思想工作。

"上次你张阿姨给你介绍的那个小伙子怎么样？"沙妈妈问道。

"嗯，"沙子瑄知道妈妈在说什么，可就是故意不抬头，继续吃饭。

"我觉得那小伙子挺不错的，长得虽然不是很帅，但也算精明，人也实在……"沙妈妈不自觉地又开始点评了起来。

接着，就问："，你怎么看啊？"

"还行吧。"沙子瑄敷衍着，不想起什么争执。

谁知道沙妈妈却来劲了："还行？那就是还不错喽？明天就把他请到咱们家来，我给他烧一桌子好菜，再跟他好好谈谈，如果真行今年就把这事儿给办了……" 没想到妈妈越说越离谱了，沙子瑄放下饭碗："妈，您能不能别这么烦啊？"

感觉到沙子瑄声音可能有点大了，跟平常听话的她简直判若两人，沙妈妈一时间竟然一个字也没说出来。

看到妈妈这样，沙子瑄也意识到自己好像有点失态了，也就没有说话，一个人走进了屋子。

每当心烦的时候，沙子瑄总是一个人静静地待在屋子里，看着桌子上的水晶球，一个人自言自语。在她的心里，一直有一个水晶球的故事，在她的床头，也一直放着一本自己最喜欢的书——《格林童话》。

此时，她又一次翻开书，读起了那个水晶球的故事——

从前有个女巫，她有三个儿子，这兄弟三人真是手足情深，可女巫却不信任他们，总以为他们会夺走她的权……

读着读着，沙子瑄的眼睛开始湿润了……从小到大，这个相同的故事不知道读了多少遍，可是相同的事物、不同的时间、不同的心境，混杂到一起还是让人莫名地感到新鲜。

这是一个勇敢者的故事，不仅表现了男孩子的英勇善良，同时也暗藏了完美的爱情。每当读到这个故事，沙子瑄就会忍不住地掉下眼泪。

再看看自己桌子上的水晶球，自己的爱情是不是还很遥远？沙子瑄心里默默地问自己，此时的她多么想要一个合理的期限啊！可是有些事情，不是你想要就能够得到的，也不是你得到就能够满足和快乐的。

但是不管怎样，沙子瑄都相信，水晶球可以给自己的生活带来意想不到的奇迹！

再说这个时候，蔡新龙也似乎一筹莫展的样子。

　　刚有个同事打来电话，说三个星期之后自己要结婚了，让他前去捧场。再想想自己，除了工作，还是工作。可能吧，当经济基础决定上层建筑的时候，人不知不觉地会有一种想要退缩的条件反射。

　　我不知道该如何表达我对你的爱，
　　只能从我的最低音到我的最高音。
　　也许太高的梦想，我永远也到不了；
　　也许最过于卑微的容忍，我永远也下不去。
　　可是，这就是我，虽不完美，却勇敢真诚地用尽力量！

　　蔡新龙在纸上写下了这么一段话，梦想此时的清风，能穿过自己的窗棂，带给她自己心底最真实的想法……

完美团队成功记
Perfect Group

51　最后一课

　　又快到年底了，在这一年的时间里，GAC华东分公司不仅在业务上较预期有所提升，并且屡获国内大奖，获得行业内部的广泛好评。

　　为了不让公司遭遇经济寒流的冲击，并得到持续稳定的发展，关颖决定再到杭州走一趟，为公司来年的发展再添一把火。

　　由于没有提前通知，当关颖走进唐轩办公室的时候，他还在认真地分析公司一年来的得与失。

　　"小唐啊！工作做得不错嘛！"刚走进唐轩办公室，关颖就夸奖道。

　　这还真把唐轩给吓了一跳，他一下子站起来，说："关董，您怎么来了？"

　　"怎么，怕我突击检查啊！"关颖开玩笑道。

　　"怎么会呢！您应该提前通知一下，我好去接您啊！"唐轩边去给关颖倒茶边说道。

　　"这个就不用了，我这么大个人了，还怕迷路不成？"虽然她处世经验老到，但说起话来还是多多少少会开些玩笑。接着她又问："最近在忙什么啊？"

　　"也没什么了，就是总结一下公司一年的运营情况。"唐轩说完，又说，"整体还行吧，没受什么诸如经济危机的影响。"

　　关颖点了点头，说："那就好，这次来啊，也主要是跟你们总结一下这一年的大概情况，同时也为明年更好发展做铺垫嘛！"

"那关董您肯定有什么指示吧？"唐轩笑着问道。

"哈哈，"看到唐轩礼貌之中又带着些许的幽默，她也乐了，又说，"这样子吧！下午你让公司的几个高层都到会议室，到时候我们简单地碰个头，同时呢，也顺便做一下年终的总结。"

"好的。"唐轩答应道。下

午，唐轩、孙志、朱晓晓、沙子瑄四人准时到会议室。

关颖首先表扬了四个人一年以来的工作成绩，接下来便转入正题，着重跟四人讨论经济危机下的客户关系管理。

"在我们这个行业，客户群并不是一天两天就可以建成的，我们通过不断的业务往来以及我们良好的服务来取得客户对我们公司的忠诚度。那么首先我问一下，忠诚度和满意度有什么区别？"关颖说道。

"应该没多大的区别吧，都是客户对我们公司认可的一种表现形式啊！"朱晓晓不假思索地说。

关颖笑了笑说："简单地说，客户满意度只是一种感觉，取决于合作前跟合作后感觉的差；而忠诚度则是持续不断地转介绍。"

四人恍然大悟，这时唐轩问道："那就是说，客户满意的时候不一定是他最忠诚的时候吧？怎么样才能够让我们的客户变得忠诚呢？"

"那就要比竞争对手做得更好了。"沙子瑄也试探着说。

"很好，"关颖夸奖道，"所以我们要持续不断地超越竞争对手，让我们的客户没有别的选择，才会使得他们更加忠诚。那么，你们知道一般来说，客户类型分为哪几种吗？"

"潜在客户、目标客户和忠诚客户。"朱晓晓又抢先说。

"还有吗？"关颖又问。

"应该还有宣传客户吧！"孙志补充说。

"经过我多年研究摸索，总结出培养最佳客户的六个阶段，分别是：潜在客户、目标客户、首次消费客户、重复消费客户、铁杆客户与宣传客户。"关颖又继续说，"这虽然是一个循序的渐进，但每个层次客户的比例有相当大的差别。"

"这个没错，对于我们来说潜在客户是一块巨大的宝藏。"唐轩说道。

其他三个人也均表示同意。

接着，关颖说："很好，那怎么样才能让我们的潜在客户产生价值呢？"

四人做出思考状。于是关颖又说："经过我多次的修改和总结，大概可以分为以下11种方法，你们可以根据不同客户的情况以及自己的喜好，选择适合他们的方法。"她边说边打开了幻灯机：

1. 介绍接近法 2. 服务接近法

3. 利益接近法 4. 问题接近法

5. 好奇接近法 6. 演示接近法

7. 引见接近法 8. 调查接近法

9. 求教接近法 10. 聊天接近法

11. 馈赠接近法

"这几种方法都比较简单，也比较易于了解，所以在此我也不多讲，只是让你们心中更加有数。另外，可能以上这些方法大家也都会在日常生活中遇到。如果这几种方法你能够运用得当，你就会很快分析出目前的潜在客户究竟是不是自己的目标客户。"关颖说。

"对于我们GAC来说，一旦让目标客户成为首次消费者，接下来的项目进展以及往来对于你们来说也都不会是难事。"关颖又说。

"可是我们工作中还会遇到一个问题，就是并非所有的客户都只认准我们一家公司，那么怎么让所有的客户都产生最大的效益呢？"孙志问道。

"你提的这个问题很好，"关颖微笑地点了点头说，"其实，在实际工作当中，我们只能够拥有一部分的忠诚客户。总会有一些客户由于自身资金或者是业务量的限制，其广告投放量只占我们业务量很小的一部分，那么针对这种客户我们应该怎么办呢？"

"那就不管他了呗！"朱晓晓说，"毕竟我们有自己的定位，只做一部分企业就可以了。"

沙子瑄马上反驳道："这个看法不对，有一句话说一个客户背后会有250个潜在客户。有些客户可能现在对于我们来说价值不是很大，但从长远上讲，说不定会是一座金矿呢！"

"那所有都抓的话，业务上忙不过来，岂不会让广告质量下降？"朱晓晓又说。

看到她们两个争辩的样子，另外三个人忍不住笑了起来。

接着，关颖说："你们两个分析得都很有道理。所以接下来我要跟你们分享一个'二八定律'，听了之后你们可能就会明白。"

"这个我知道！"孙志抢着说。

只见四人的目光都集中在孙志的身上，孙志一副很有成就感的样子，说："所谓的'二八定律'就是80%的社会财富集中在20%的人手里，而80%的人只拥有社会财富的20%。"

"那么引申到客户当中应该就是20%的客户为我们创造了80%的利润回报，而80%的客户只给我们创造了20%的利润回报。"朱晓晓接着说。

"从人力资源的角度出发，应该是企业内部20%的人创造了80%的劳动价值，80%的人只创造了20%的劳动价值，即凸显了核心员工的关键性。"沙子瑄说。

关颖点了点头："你们说得都很好，'二八定律'在社会生活中随处可见，它反映了生活中的一种不公平现象，所以这个定律可以广泛运用到我们生活的方方面面，它也可以解决如下的各个问题。"说着，她又打开了新的幻灯片：

1. 时间管理问题   2. 重点客户问题

3. 财富分配问题   4. 资源分配问题

5. 核心产品问题   6. 关键人才问题

7. 核心利润问题

"其实今天来呢，我也只是给大家提个醒，做年终总结的时候不仅要预期来年的规划，更重要的还有对上一年的总结。当然，对我们来说，客情分析非常重要，特别是在经济不太稳定的时候，把握好每一个客户就显得更为重要了。"关颖说道。

四个人均点了点头，八只眼睛里都充满了无比坚定的信心。

看到四个人眼睛里颇为坚定的目光，关颖也就更加放心了，于是她说："最后，我也非常感谢四位一年多来对GAC做出的所有贡献，如果依照目前的速度，我相信在未来几年，华东分公司一定能够在国际上大放异彩，甚至能够跻身于国际行业水平的前列！"

四个人都有些感动的样子，此刻的他们不知道用怎样的语言才能表达出来心中的滋味。唯一可以做的只剩下一个劲地点头，用来坚定自己内心无比美好的梦想和信念！

的确，在短短不到两年的时间里，GAC华东分公司就能做出今天这般辉煌的战绩，这也是任何一个人都没有预料到的。虽然中间也出现了一些令人困扰的问题，但最终都被一一地解决了。

此时四个人的眼睛里边都不自觉地闪烁出晶莹的泪光，不仅是因为有了上层领导的全力支持，更重要的是，自己点点滴滴的努力得到了成绩和肯定……

在这个社会上，不管从事哪一个行业，都是在为另一个行业的人们服务着的，所以任何人都很可能成为我们的客户。

那么，如何把握好手中的既定客户，挖掘未知领域的潜在客户呢？这就需要企业主在提升自身品牌知名度和社会美誉度的同时，持续不断地满足自己客户的需求并为客户提供满意的产品以及服务。

对于客户来说，只有适合的才是最好的；对于企业而言，同样也是如此。寻找适合企业的目标客户，通过一系列真诚的服务使其转化成自己的忠诚客户，不仅需要一个漫长的过程，更需要持续不断的努力。

当然，对于企业而言，可能每一个客户产生的经济效益都会有所差异，"二八定律"也从一个方面分析了这一特点，那么对于那些所创利润不是很高的客户，企业就有理由怠慢吗？

答案当然是否定的，要知道，每一个企业都有一个很美好的前景，我们的客户同样也是如此，俗话说"三十年河东，三十年河西"，在商业历史上，迅猛发展的企业比比皆是，所以，一个优秀的企业对待每一个客户都一定要做到一视同仁，因为说不定哪一天，你的客户可能就会成为共同发展的合作伙伴，这个时候，凭借着过去有效的客户维护，实现彼此合作并达到双赢也就并非难事了！

完美团队成功记
Perfect Group

52   明天的明天

　　明天的明天究竟会有怎样的风景？我不知道，你不知道，他也不知道。

　　如果每一个故事都有一个设定好的结局，那中间的过程又怎会令人期待？

　　这不是在寻找借口，在很多时候，既定的结局只会迷惑人们本来的思想。禁锢掉理所当然的想象固然是一种表现手法，但却不是一种真实的生活现象。

　　很多时候，每一个人的生活都需要自己去谱写。作为旁观者，你有评说的权力，但却不具备改变别人生活方向和梦想追逐的权力。

　　很多时候，在生活的每一个转弯处，都会突然跳出让人惊叹不已的感动，你在欣喜的同时也会感谢自己当初相信奇迹出现时的坚决！

　　所以，每一个正在积极生活着的抑或正处在生命转折边缘处的人，在经历转折的时候都会掠过些许的彷徨。当然，这种瞬间的感觉与长久以来的幸福感无关。

　　也许，就像一句广告语所说的——人生就像旅行，在乎的不是最后的结果，而是途中看风景的心情！

　　在GAC，每一个人都很努力地在为自己的明天奔跑，在为自己的梦想去拼搏。用朱晓晓的一句话说就是：别的地方可能要花三年甚至更多时间积累的经验知识和高端的人脉关系，在GAC，只要你能有足够的努力，只要花一年就可以得到！

　　在一个方向上眺望自己未来的生活可能会一成不变，但在GAC眺望自己未来的生活却必定会丰富多彩！——在年终总结的时候沙子瑄发自肺腑地感言。

有一种鸟儿是永远也关不住的，因为它的每一片羽毛上都沾满了自由的光辉！在GAC这个大家庭里，每一个人都可以是自由的，每一个人都可以是出色的，因为，这是一个没有边界的鸟笼！——孙志也一改往日嬉笑的风格，折腾了一个晚上，弄出这么一句看起来好像比较经典的话。

是的，当一个人在工作的时候，背后的动力若不是本能的行动而是梦想的支撑，那么，最后迎接他的必定会是初升的太阳。——郑中华也通过短信让GAC全体的员工感受到了从没有过的志同道合！

只要确定地坚持了自己选择刚开始的每一小步，最终一定会完成人生的一大步！——这是祁邵阳在多年人力资源工作中与人共勉的经验之谈。

最后，唐轩语重心长地对所有的人说："在GAC，你可以收获自己的爱情；收获自己的家庭；收获自己的快乐。但同时也不要忘了，你还能够收获自己的梦想！

这个新年，在GAC首次发行的内部周刊上，每一个员工都用最真实的思想表达了自己内心深处最纯粹的感动——

我相信团队的力量，

我相信真诚的力量，

我相信自己的力量！

此刻的你，或许应该从他们身上挖掘出一些什么，同时也要在自己身上留下一些什么，这样，所有这一切才会显得很有意义……

到这里，故事还没有完。

因为作为一群对梦想执着坚持着的年轻人，他们的人生才刚刚开始；作为一群对工作孜孜不倦的创业者，他们的事业也才刚刚起步。

以后的道路还很长，也会碰到这样那样的障碍或是不知所措的问题。但是，在GAC工作的时间里，他们已经学会用一种寓言性的解说来看待被人们搞得乌烟瘴气的生活，所以，不管今后的日子里会发生什么事情，他们都会用一种近似于调侃的语气或说法来让自己可能会手忙脚乱的行为变得有条不紊，同时也会让自己的生活变得更加丰富多彩……

53　方与圆

　　有人说这个世界是圆的，只能够按照游戏规则不停地转圈圈，去时的路、来时的路都是一样的弧度！

　　有人说这个世界是方的，每个人都有属于自己的位置，但不管怎样都逃脱不出四周高立着的围墙！

　　行色匆匆的人们，每一天都在张望，什么时候能够奔跑到自己想要到达的地方？

　　筋疲力尽的人们，每一天也在期盼，怎样的职场生涯才是自己梦寐以求的？

　　生活与工作？方与圆？究竟应不应该融合，又应该怎样地融合？

　　我们用一半时间在工作，用另一半时间在生活，但却忘记了思考，忘记应该怎样规划自己的未来！

　　也许，过去的行为决定了现在的处境，但是现在的付出并不代表将来的所得！那么，我们是不是应该用一种逆反思维的模式略微地调整一下我们的生活，让未来决定我们现在的生活？

　　诚然，有的时候正方形固然很标准，可是它却不适合我们行走的轨迹；

　　诚然，有的时候同心圆固然很完美，可是我们却承受不了串联的奢侈！

　　所以，人生，有的时候或许应该用一种很规则的意识去谱写不很规则的生活篇章——并非雅俗共赏，也拒绝吹毛求疵，只是想要用一种简单形式的美好去成就一处

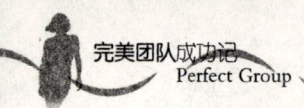

可以留恋的风景。

所以，人生，有的时候或许应该用一个很狭小的角度去折射不很规律的世间形态——并非与时俱进，也拒绝虚言其表，只是想要用一种原始风格的误差去定格一处感觉精彩的瞬间。

那么，当方与圆竭尽全力地融洽的时候，我们又何尝不能旁若无人地大声呐喊——没有吃过猪肉也没见过猪跑的人，照样可以做出美味的红烧肉！

·········后记

　　有人说职场就像是一张网，职场中的每一个个体都是网中的一个猎物。被网圈住了是幸福的，起码在这个社会上自己能够发挥个人的优势，做出属于自己的社会贡献；与此同时，又有些不幸，因为这就注定要在网上运动，并且去遵守撒网者的游戏规则。

　　对于企业而言，最难的管理莫过于人的管理。从性格角度分析，每一个人都是不同性格的综合体，有的方面表现得明显一些，有的方面显得隐形一些。因此，在企业发展的不同阶段，为内部员工制订一个利于他们发展的职业生涯规划以及可以憧憬的美好生活，对于每一位领导者而言都势在必行。

　　那么，怎样的管理才是最行之有效的呢？怎样的团队才是更能让企业快速发展的呢？

　　或许，对于领导者而言最好的管理就是没有管理——每一位员工都知道自己未来的发展方向，每一个人都会有一个明确的目标，并为之奋斗，你只需要在他们遇到障碍的时候稍加点拨就可以了。

　　每一天，这个世界都会有很多故事发生，有些人促使事情发生，有些人看着事情发生，有些人却连发生了什么事情都不知道！表面上这是一种错失，深究其根源其实是一种心态。前一段时间比较流行一种"变态心理学"，也就是改变你的心态，才会改变你的状态，从而改变你的行为方式，以得到不同的结果。

　　生活在信息发达的现代社会，作为个体的我们是幸福的，因为我们每天都在不断地接受新鲜的信息，就如同体内不断地更新新鲜的血液；与此同时，我们又是不幸的，因为有了太多的干扰，我们没有心思静下来去做安静的思考，因此也就无法深究事物的本质，很多有用的信息演变成了信息垃圾。

　　为什么我们接受了这么多、知道了这么多，生活依旧没有自己想象中那么美好呢？千万不要以为这个世界本是残酷现实的拼凑片段，一切只是因为你没有静下心来用一种同理的心态思考一下，如果我是故事中的主人公我会怎么办？是的，正是因为缺少了思考，我们才会缺失更多应有的所得！

故事中的每一个人物都是不同性格的综合体，他们都有着自己极强的个性和最具挑战的生活方式。我相信，只要每一个人都能够将故事中的人物跟自己做对比，将故事中的情节与自己的生活做对接，就一定会有一种似曾相识的感觉。

另外，故事中有很多发人深省的小故事，如果你只是把它们当作故事的话，则可以将这些故事变成自己生活的调味剂；倘若你能花费一点心思，从不同的角度来分析每个故事所揭示的不同道理，或者说，相同的故事你却有着不同的观点，那么恭喜你，你已经从一个接受者变成了一个行动者。

这个世界永远是公平的，它不会因为你知道什么而给予你什么，也不会因为你做到什么而给予你什么，它只会因为你做对多少并给你同等价值的回报！

所以，亲爱的朋友们，收起懒惰的秉性，用一种积极的、勤于思考的方式来看待这个原本很是美好的世界吧。世界每天都在更新，为什么你的思想还要停留在昨天呢？

所以，不管是管理者还是执行者，只要找准了自己的行为方式以及奋斗方向，你就会发现，尽管太阳每天都会升起，但潜藏在你内心深处的感受却总是丰富多彩！

豆子

2010年3月